UNIVERSITÉ DE FRANCE

FACULTÉ DE DROIT DE DOUAI

THÈSE

POUR

LE DOCTORAT

PAR

Gustave ROMBAUT

LILLE

IMPRIMERIE CAMILLE ROBBE

Rue Notre-Dame, 209

1877

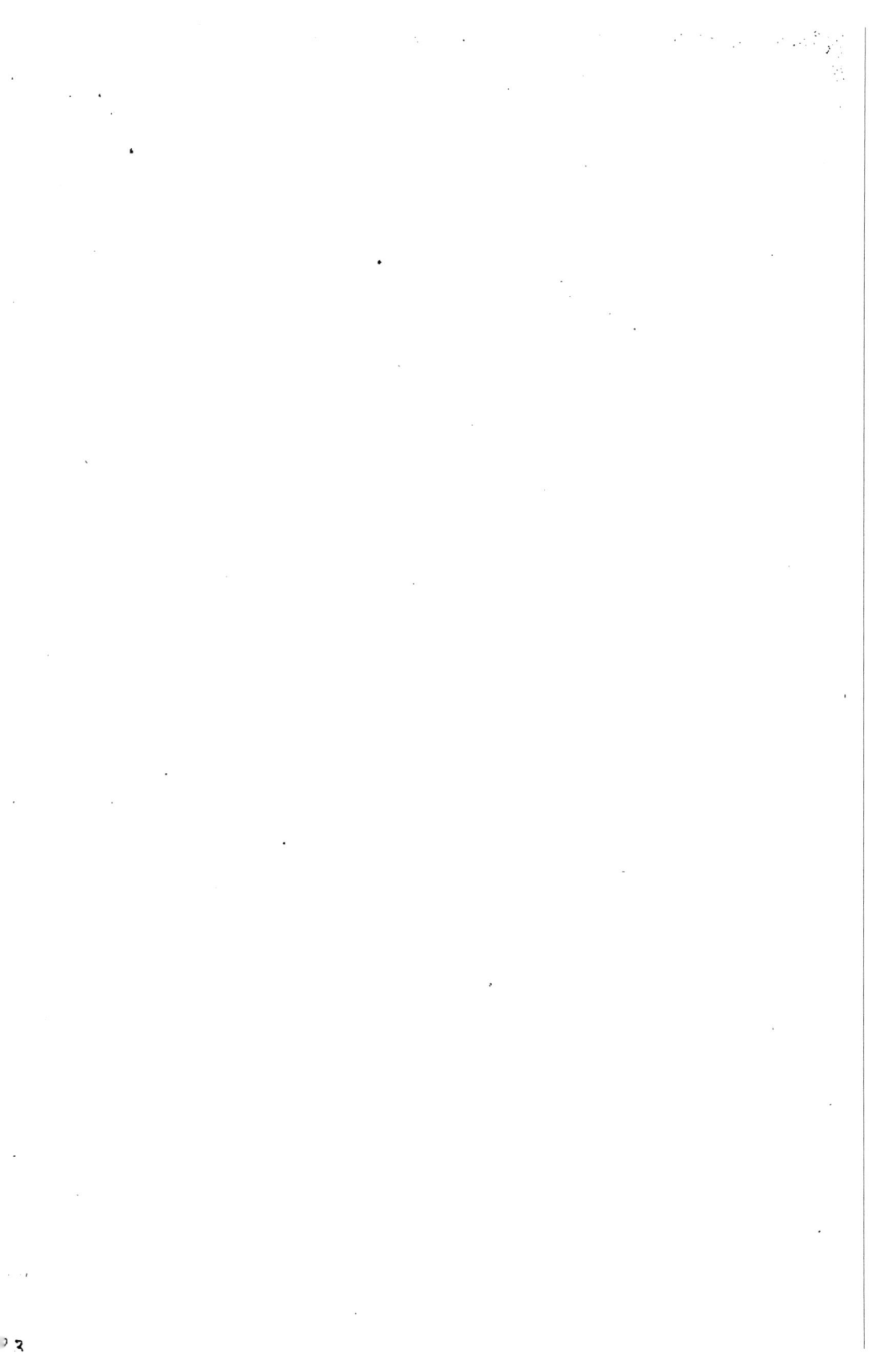

THÈSE

POUR LE DOCTORAT

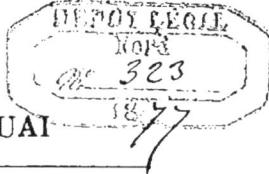

THÈSE

POUR

LE DOCTORAT

L'acte public sur les matières ci-après sera soutenu
le Jeudi 22 Mars 1877, à trois heures du soir

PAR

Gustave ROMBAUT

*Le Candidat devra en outre répondre à toutes les questions qui lui
seront faites sur les autres matières de l'enseignement.*

PRÉSIDENT : M. BLONDEL, Doyen.

SUFFRAGANTS :

MM. D. DE FOLLEVILLE, Professeur.
LEFEBVRE
ESMEIN
MAY
JOBBÉ-DUVAL

Agrégés
chargés de cours.

LILLE

IMPRIMERIE CAMILLE ROBBE

Rue Notre-Dame, 209

1877

A MON PÈRE

A LA MÉMOIRE DE MA MÈRE ET DE MA SŒUR

DROIT ROMAIN

DU SÉNATUS-CONSULTE VELLÉIEN

A l'origine et jusque vers la fin de la République, la
femme romaine était nécessairement soumise à l'un de
ces trois pouvoirs : la puissance paternelle, la *manus* et
l'autorité du tuteur. On peut soutenir, et nous pensons
que, pendant la durée de la puissance paternelle, la
fille était traitée comme ses frères, qu'elle pouvait, comme
eux, souscrire sans aucune autorisation un engagement
valable (F. 9, § 2, D. xiv, 6; F. 141, § 2, D.
xɪv, 1). Mais nous voyons apparaître les différences
juridiques entre les deux sexes aussitôt que la puissance
paternelle a disparu : le fils pubère devient indépendant
et maître de ses droits; la fille au contraire, quel que
soit son âge, retombe sous la puissance d'un tuteur et y
demeure toute sa vie. Les Romains expliquent cette tutelle
par deux raisons : la première, qu'ils avouent eux-mêmes
être plus apparente que réelle, c'est la *fragilitas sexûs*
(Ulpien, § 1, T. 11, règles; Gaius T. 1, §§ 190 et 192);
la seconde raison est plus sérieuse : la femme est privée
de la libre disposition de ses biens et soumise à la tutelle
perpétuelle de ses agnats, afin qu'elle ne puisse appauvrir sa propre famille pour enrichir la famille étrangère
à laquelle elle s'unira par le mariage; on sait, en effet,

qu'à l'origine, l'État romain était une confédération de familles ayant chacune son existence propre et son gouvernement intérieur indépendant de toute autre puissance. Les terres avaient été distribuées entre ces familles de manière à établir l'égalité de fortune et d'influence ; c'est cet équilibre qu'il importait de conserver ; or, la femme mariée ayant ses affections les plus fortes hors de la famille, n'eût pas manqué, si elle eût été maîtresse de sa fortune, de la faire passer, par la *manus* ou par d'autres moyens, dans la famille de son mari : voilà comment on peut comprendre la tutelle perpétuelle des femmes, qui avait pour but d'empêcher que les biens ne sortissent de la famille. Le caractère fédératif et l'importance attachée à l'équilibre des familles agnatiques se sont perdus avec le temps, et, de même que toute la marche de la législation romaine a eu pour but de remplacer la famille agnatique par la famille naturelle, de même, cette tutelle perpétuelle a été répudiée par le droit romain quand il est arrivé à sa plus grande perfection. — Ce n'est donc pas dans l'intérêt de la femme que cette tutelle légitime fut établie ; on l'institua contre elle, et dans l'intérêt du tuteur lui-même. C'est en ce sens que nous trouvons la question résolue par Gaius (§§ 190 et 192, C. 1) : « L'opinion vulgaire, dit-il, est que les femmes doivent être régies par des tuteurs, parce qu'elles ont l'esprit trop léger pour se gouverner elles-mêmes ; mais cette raison est plus spécieuse que solide... Cette tutelle a été établie dans l'intérêt des tuteurs eux-mêmes, et afin que la femme, dont ils sont héritiers présomptifs, ne puisse ni leur ravir son héritage par un testament, ni l'appauvrir par des aliénations ou par des dettes. »

Si l'on songe d'ailleurs que la femme placée sous la

puissance paternelle peut contracter des engagements valables, tandis qu'une fois en tutelle elle ne peut plus s'obliger sans l'autorisation du tuteur ; si, d'un autre côté, on se demande pourquoi l'autorisation du tuteur n'est requise ni pour la célébration du mariage, ni pour le choix du mari, tandis que toutes les conventions pécuniaires dont le mariage est accompagné doivent être autorisées, on se convaincra facilement de cette idée que la tutelle des femmes fut établie contre elles, et non dans leur intérêt.

Il est probable qu'aux premiers temps de Rome, *la manus mariti* était la suite inévitable du mariage ; la femme était traitée comme la fille de son mari, comme la sœur de ses enfants. (Gaius, 1, 111, 114). Mais les agnats tuteurs devaient être peu disposés à consentir à *la conventio in manum* qui les dépouillait de tous leurs droits. D'un autre côté, ces droits étaient sacrés ; on ne pouvait leur en imposer le sacrifice : il fallut donc imaginer un mariage qui n'entraînât pas le changement de famille : pour l'ancien mariage entraînant *la manus*, le consentement des tuteurs restait indispensable. Désormais *la manus* n'est plus un élément essentiel du mariage et bientôt elle peut exister sans lui ; la femme pourra faire *la conventio in manum* avec une personne étrangère tout comme avec son époux.

Ces institutions, complétées par les mœurs encore pures d'une république petite et pauvre, devinrent insuffisantes à mesure que l'Etat s'agrandit et que la civilisation raffinée et corrompue des Grecs exerça son influence chez les Romains : « Dès la fin de la République (dit M. Gide dans son ouvrage sur la condition des femmes), les anciennes *gentes* étaient dissoutes, et dans la famille même

tous les liens domestiques s'étaient relâchés à la fois ; les
agnats, que ne réunissaient plus des dieux et des sacrifices
communs, étaient devenus étrangers les uns aux autres ;
les mariages, jadis indissolubles, n'étaient plus que des
unions passagères que la cupidité ou le libertinage
rompait et renouait tour à tour ; la puissance paternelle
qui n'était plus sanctifiée par la religion ni tempérée par
l'amour, était devenue un joug odieux, dont les enfants
cherchaient à s'affranchir par tous les moyens, fût-ce par
la délation et le parricide. »

De même, dit Tite-Live, que l'apparition des maladies
précède la découverte de leurs remèdes, de même les
passions sont nées avant les lois qui devaient leur imposer
un frein. On serait tenté de considérer la loi comme plus
morale sous Auguste que dans les premiers temps de la
république ; ce serait une erreur, et cette nécessité imposée
au législateur de faire de la morale, est un signe certain
de l'immoralité publique.

Dans ce changement de législation amené par la trans-
formation des mœurs, nous pourrions citer les lois Cor-
nélia contre le parricide, Petronia en faveur des esclaves,
P. Poppœa contre le célibat, et les nombreuses lois
somptuaires. mais nous devons nous borner à étudier
l'une de ces lois dont l'ensemble avait pour but de ramener
la femme dans le cercle étroit et dépendant où la main-
tenaient les anciennes institutions.

Au milieu de la dissolution générale, les femmes
s'étaient affranchies, en fait, de la tutelle et de la *manus* ;
bientôt elles furent une cause de trouble dans la ville,
elles poussèrent l'audace jusqu'à assiéger les tribunaux
et les portes du Sénat pour influencer les juges et les
sénateurs ; en un mot dès qu'elles eurent perdu la pudeur,

elles devinrent capables de tous les crimes, et ce n'était pas sans raison que Caton l'ancien prononçait ces énergiques parole « : *Nullam adulteram non eamdem esse veneficam.* » (Quintilien, v. 11, 39). Les Romains s'aperçurent bien vite que pour laisser les femmes libres, il fallait des mœurs simples et pures, et dès lors se produisirent deux courants d'idées parallèles et en sens inverses : à mesure que la femme secouait le joug de la famille, on sentit la nécessité de remplacer cette contrainte, et le pouvoir public se substitua aux pouvoirs domestiques déchus ; indépendante de sa famille, la femme tombe sous la tutelle de l'État qui la soumet à diverses incapacités dans ses rapports avec les tiers. La dépendance primitive de la femme avait été établie dans l'intérêt de la famille, elle réglait ses rapports avec son père, son mari, ses agnats ; les lois qui vont désormais restreindre sa capacité le feront dans l'intérêt public ; la femme sera incapable, non pas comme fille, comme sœur, comme épouse, mais comme femme, *propter fragilitatem, imbecillitatem sexûs.* — Caton n'avait pas réussi à faire maintenir la loi Oppia, et, quoiqu'on eût fait une série de lois somptuaires, on n'avait guère arrêté le progrès toujours croissant du luxe chez les femmes : il fallait en tarir la source en les empêchant de s'enrichir, tel fut le but de la loi Vaconia. « Mais ce n'était plus le luxe, c'était le débordement de tous les vices qu'il fallait arrêter : de nombreuses lois portées dans ce but par Auguste vinrent amplifier et presque absorber la loi Vaconia. » On fit les lois Juliennes et Papiennes, les mœurs et les vertus publiques continuèrent à disparaître ; impuissant à punir la femme de ses dérèglements, le législateur dut songer à lui interdire jusqu'aux actes, qui, sans être illicites, pouvaient la faire sortir de la réserve qui convient à son sexe ; en un mot on voulait, par les lois, imposer à la femme la situation dans laquelle les mœurs l'avaient longtemps maintenue. Ce que la pudeur ne lui enseignait plus, les lois l'ordonnèrent ; désormais elle ne pourra s'occuper que de ses affaires privées, il lui sera défendu de s'ingérer dans les affaires d'autrui « *ne contra pudicitiam sexui congruentem alienis causis se immisceant, ne virilibus officiis fungantur mulieres* » (F. 1, § 5, D. III, 1). — Un édit du préteur priva les femmes du droit de postuler , c'est-à-dire d'agir en justice pour le compte d'autrui ; bientôt la prohibition fut étendue à tous les actes judiciaires que la femme pouvait faire jusqu'alors pour autrui (F. 2, D. L. 17) ; on la déclara incapable de tenir une maison de banque ; on alla même jusqu'à lui contester le droit de témoigner en justice ; mais les jurisconsultes le lui conservèrent en argumentant d'une disposition de la loi *Julia de adulteriis* qui ne privait de ce droit que la femme condamnée pour adultère (F. 18, D. XXII, 5).

Enfin le sénatus-consulte Velléien vint compléter ces incapacités ; on ne sait pas au juste à quelle époque fut votée par le Sénat la proposition des consuls Marcus Silanus et Velleius Tutor ; il est certain néanmoins qu'elle n'est pas antérieure à Claude, ni postérieure à Vespasien : Ulpien en effet après avoir parlé des deux édits d'Auguste et de Claude qui défendaient seulement aux femmes d'intercéder pour leurs maris nous dit qu'ensuite le Sénat vint au secours des femmes d'une manière complète (F. 2 pr. et § 1, D. ht). D'autre part, il est question dans un fragment de Julien du jurisconsulte Gaius Cassius, qui mourut sous Vespasien (F. 16, § 1, D. ht ;

F. 2, § 47, D. i, 2). Le sénatus-consulte Velléien, en frappant les femmes de l'incapacité de s'engager pour la dette d'autrui, ne fit d'ailleurs que consacrer une jurisprudence antérieure : « *ita jus ante dictum esse videtur.* » Aussi devons-nous rechercher si ces précédents juridiques se trouvent dans les édits d'Auguste et de Claude, ou bien s'ils sont dans le principe ancien qui considère l'acte de s'obliger pour autrui comme un office viril et contraire à la pudeur qui convient au sexe.

Le motif du sénatus-consulte Velléien nous paraît être double : c'est d'abord la préoccupation politique qui veut écarter la femme de tout office viril, et en second lieu l'idée protectrice et favorable à la femme, qui avait dicté les édits d'Auguste et de Claude. Le texte du sénatus-consulte semble bien accorder au second motif une plus grande importance, c'est ce qui résulte de ces mots « *tametsi ante videtur ita jus dictum esse........ cum eas virilibus officiis fungi, et ejus generis obligationibus obstringi non si æquum.* » C'est pourquoi les jurisconsultes s'inspirèrent presque toujours, dans l'interprétation de cette loi, de l'intérêt de la femme, c'est-à-dire des raisons qui avaient motivé les édits d'Auguste et de Claude (F. 2, ht). Quoi d'étonnant à cela? puisque ces édits avaient été rendus inutiles, mais non abrogés, par la disposition plus étendue du sénastus-consulte Velléien qui les renfermait (F. 2, D. §§ 2 et 3; 4. § 1 ; 21, § 1, ht).

Le principe de l'incapacité de la femme une fois basé sur la double cause dont nous venons de parler, il fallait l'appuyer par des motifs inhérents à la nature même du sexe; la voie était d'ailleurs toute tracée par les Grecs, qui, suivant les doctrines d'Aristote et de Platon, ne considéraient la femme que comme un être inférieur, incapable de volonté, et digne en tous points de la protection indispensable des lois ; aussi la femme grecque était-elle reléguée dans le silence du gynécée, et soumise à un tuteur qui avait autorité sur sa personne et sur ses biens. — Les Romains n'allèrent pas jusque-là ; se basant sur l'imprévoyance et la légèreté naturelles à la femme, ils lui interdirent toute opération qui se présenterait comme un service à rendre à autrui et qui n'entraînerait pas un appauvrissement immédiat, sous prétexte que la femme cède d'autant plus facilement à sa bonté naturelle qu'elle ne prévoit pas la conséquence de son engagement.

S'agissait-il d'un paiement à faire pour un tiers ou d'une donation, on la considérait comme suffisamment versée dans les affaires et assez douée de volonté pour ne pas lui imposer la protection de la loi ; s'agissait-il au contraire d'un acte à intervenir dans l'intérêt d'un tiers, et ne devant produire ses effets, comme le cautionnement, que sous condition et dans un avenir éloigné, elle était réputée incapable de prévoir les conséquences de son engagement.

Le Velléien s'inspirait donc d'une pensée de défiance contre les femmes, et de l'idée d'infériorité (*fragilitas sexus*), qui avait fait défendre aux femmes d'intercéder pour leurs maris ; ces deux principes furent tempérés l'un par l'autre. Cette combinaison résulte rigoureusement de l'observation, si l'on remarque que les jurisconsultes n'appliquèrent jamais le sénatus-consulte aux actes par lesquels la femme faisait une donation ou un paiement immédiat et actuel pour autrui, au lieu de s'obliger ; or s'il est vrai que le sénat ait considéré comme un office viril et contraire à la pudeur qui convient au sexe, l'acte de s'obliger pour autrui, comment pouvait-on ne pas trouver choquant l'acte d'une femme qui se ruinait en faisant des donations ou en payant les dettes d'autrui?— Il est évident que le motif politique s'appliquait à la donation et au paiement comme à l'engagement contracté pour autrui ; cependant la femme ne pouvait faire dans l'intérêt d'autrui un acte qui l'eût exposée à un préjudice conditionnel et éloigné, c'est donc que sous ce rapport elle était considérée comme inférieure à l'homme. — Les femmes ne peuvent s'obliger pour autrui, telle est la disposition du sénatus-consulte, et d'autres termes, elles ne peuvent faire une intercession.

D'une manière générale, on peut définir l'intercession, *l'obligation contractée envers un créancier par un tiers qui se joint au débiteur pour partager la charge de sa dette, ou se substitue à lui pour le libérer : Senatus-consultum locum habet, sive eam obligationem, quæ in alterius personâ consistit, mulier in se transtulit vel participavit* (L. 4, C. IV, 29). Pour qu'une pareille intercession soit nulle d'après le sénatus-consulte Velléien, le concours de ces trois conditions est nécessaire, il faut : 1° que la femme n'ait eu l'intention, en intercédant, ni de gérer sa propre affaire, ni de faire une libéralité ; 2° que le créancier soit de mauvaise foi, c'est-à-dire qu'il ait connu ou dû connaître le but de la femme ; 3° que l'intercession de la femme ne se trouve pas validée par une loi exceptionnelle. Quand ces trois conditions sont réunies, l'intercession faite par la femme est annulée par le sénatus-consulte Velléien (L. 16, D. ht.), qui ne laisse même pas subsister l'obligation naturelle, c'est ce que le jurisconsulte Julien nous dit : « *Totam obligationem senatus improbat* » ; cela résulte nécessairement du caractère de cette prohibition édictée contre les femmes ; si elles y contreviennent, il ne doit rien subsister de cet acte illicite, et la femme qui, dans l'ignorance de la loi, aurait payé une dette ainsi contractée, aurait fait un paiement nul, partant sujet à répétition (F. 8, § 3, ht; F. 26, § 3, 40 D. xii, 6).

Nous analyserons d'abord les caractères généraux de l'intercession, puis les caractères spéciaux de l'intercession prohibée, les exceptions au sc. Velléien, et enfin la sanction de ce sénatus-consulte,

Caractères de l'intercession en général.

L'intercessio est un acte par lequel un tiers se substitue au débiteur ou se joint à lui pour partager la charge de sa dette (L. 4, C, ht, iv; 29). Presque toujours elle se fait par l'un des actes suivants : 1° La fidéjussion, ou plus généralement *l'adpromissio;* 2° *le mandatum pecuniæ credendæ;* 3° le pacte de constitut fait pour un tiers ; 4° la constitution de gage ou d'hypothèque faite également pour un tiers ; 5° *l'expromissio;* 6° le fait de défendre en justice au nom d'un tiers. Remarquons que ces six espèces *d'intercessio* peuvent être divisées en deux catégories ayant chacune un caractère différent : 1° Les quatre premières ne peuvent naître ni subsister sans une obligation principale dont elles ne sont que l'accessoire, elles répondent à l'idée générale de ce que nous appelons, en droit français, un cautionnement, tandis que l'existence des deux autres espèces *d'intercessio* exclut l'idée d'une obligation principale; 2° la constitution de gage est la seule qui n'oblige que les biens de *l'intercessor;* elle se distingue des cinq autres formes par son caractère purement réel.

Il importe aussi d'observer que l'intercession ne résulte pas nécessairement de telle forme d'obligation, et que toute forme peut servir accidentellement à réaliser une *intercessio* ; mais l'obligation contractée pour autrui est présumée, jusqu'à preuve contraire, être une *intercessio,* tandis que la présomption inverse s'attache à l'obligation contractée pour soi-même ; ainsi ce serait une erreur de prétendre que les actes énumérés plus haut impliquent toujours et nécessairement une *intercessio.*

C'est ici le lieu de rappeler l'hypothèse classique de l'entrepreneur qui a promis de construire une maison pour un prix déterminé ; afin d'obtenir l'argent nécessaire au paiement des matériaux et de la main-d'œuvre, il se fait cautionner ou remplacer, dans l'obligation qu'il contracte en empruntant d'un tiers, par le propriétaire envers lequel il s'est engagé à construire. Nous savons qu'il n'y a pas là *d'intercessio* de la part du propriétaire, car en s'engageant pour autrui ou à la place d'autrui, il s'engage aussi dans son propre intérêt, il agit *in rem suam ;* cela est si vrai que le constructeur aurait pu lui dire : « Ma dette est votre dette, je la fais retomber sur vous (F. 5, pr. et § 1, D. xxxiv, 3). » — Nous avons dit que toute forme d'obligation peut accidentellement servir à réaliser une *intercessio ;* cela arrivera, par exemple, dans l'hypothèse suivante : *Primus* veut emprunter de l'argent, mais au lieu de se présenter lui-même, il charge un tiers de contracter l'emprunt ; quoiqu'il ne soit point fait mention de *Primus* dans le contrat de prêt, il y a là une véritable *intercessio,* car le tiers s'est engagé à la place de *Primus,* à qui il va remettre l'argent aussitôt qu'il l'aura reçu (F. 29 pr., xvi, 1).

Première condition nécessaire pour qu'il y ait inter-cession. — Les notions générales une fois connues, il est facile de déterminer les éléments de l'intercession ; c'est un acte, avons-nous dit, par lequel un tiers se substitue au débiteur ou se joint à lui pour partager la charge de sa dette, il faut donc, pour qu'il y ait *inter-cessio* de la part de la femme, qu'elle engage pour autrui sa personne ou ses biens; dès lors elle peut, sans contre-venir au sénatus-consulte Velléien, faire tout acte d'alié-nation qui n'est pas l'exécution d'une obligation antérieure-ment contractée pour autrui, quoiqu'il diminue son patri-moine (F. 8, § 5, *in fine,* D. ht. « *non quæ deminuit restitutur* » L. 1, C. ht. « *cûm obligatæ non essent.* » En effet les textes nous montrent qu'elle peut valablement faire pour un tiers un paiement, ou tout autre acte équi-valent, *datio in solutum,* délégation, renonciation à un gage ou à une hypothèque (F. 4, § 1, D; L. 1 et 4, C. ht., LL. 5 et 8 pr. et § 5, D ; LL. 21 et 11, C. ht.) Qu'elle ait agi *animo donandi,* ou qu'elle se soit réservé un recours contre le débiteur qu'elle a libéré, il n'importe car elle n'est pas incapable de faire des libéralités, et bien loin de s'obliger pour autrui, elle oblige envers elle le débiteur libéré, ce qui lui est également permis. (Donneau, sur la loi 9, C. ht). La loi a confiance en la fermeté de la femme quant aux actes qui entraînent un appauvrissement immédiat, mais elle craint que la femme ne contracte trop facilement un engagement dont elle espérerait être indemnisée, et dont les conséquences seraient reportées dans un avenir éloigné « *facilius se obligat mulier quàm alicui donat.* » (F. 4, § 1, 5 et 8, et F. 5, § 2, ht.)

A propos de la délégation, deux textes ont donné lieu à

une difficulté : Dans la loi 5 (D. ht.) Gaius dit qu'il n'y a pas *intercessio* lorsque la femme délègue son propre acheteur, qui lui doit encore le prix d'acquisition, au créancier d'un tiers. De son côté, Pomponius semble admettre une décision contraire dans la loi 32, § 2, ht ; voici l'hypothèse que fait ce jurisconsulte : une femme a vendu un fonds au créancier de son mari, à la condition que le prix servirait à la libération de celui-ci ; puis elle revendique le fonds ; on lui oppose l'exception *rei venditæ et traditæ*, mais elle triomphe par la réplique « *aut si ea venditio senatus-consultum facta sit.* » — Et Pomponius ajoute que la même solution serait applicable si la femme avait vendu sa chose pour éteindre la dette d'un étranger. — Comment concilier ces deux textes ? — On pourrait dire qu'il s'agit, dans la loi 32, du cas où la femme aliène son fonds pour exécuter l'obligation antérieurement contractée par elle dans l'intérêt de son mari : sont nuls en effet, comme l'intercession elle-même, les actes d'aliénation exécutés en vertu d'une intercession. — Mais les textes ne faisant pas cette supposition, il paraît plus juste d'admettre que, dans la loi 5, il s'agit d'une femme qui, ayant d'abord vendu, sans songer à faire une intercession, délègue plus tard son débiteur au créancier de son mari, tandis que dans la loi 32 la femme fait une intercession, parce qu'en vendant son fonds, elle se soumet à l'action *empti*, ce qui constitue précisément l'intercession prohibée par le Velléien.

Puisqu'il faut que la femme s'oblige ou oblige ses biens pour qu'il y ait intercession, elle peut valablement faire remise d'un droit de gage ou d'une hypothèque (l. 8, D et 21 C. ht.), car ce fait ne constitue pas une intercession ; il est évident qu'elle ne s'oblige pas, de plus l'acte

n'intervient qu'entre deux personnes, et nous savons qu'il
en faut trois pour faire une intercession (Donneau, sur
la loi 11, code ht.). — La femme pourrait faire cette
remise même à son mari (l. 11, code ht.), ce qui n'est
pas contraire à la règle qui prohibait les donations entre
époux; car la meilleure opinion est qu'il n'y a aucune
donation, dit Papinien. Au premier abord, il paraît
bizarre que la remise d'une hypothèque ne soit pas
considérée comme une intercession, tandis que le *pactum
de post ponendo*, c'est-à-dire la remise du rang d'hypo-
théque faite par une femme, tombe sous l'application du
sc. Velléien; mais il suffit de se rappeler notre principe
pour trouver cette décision rigoureuse et raisonnable :
en effet, en faisant remise d'une hypothèque on fait un
sacrifice immédiat; au contraire le *pacte de post ponendo*
fait partie de cette catégorie d'actes qui sont interdits à
la femme parce qu'elle est censée ne pas en avoir prévu
les conséquences éloignées (Gide, p. 177. — Donneau
sur la loi 5, C. ht. « *obligatio pignoris species est
alienationis*) » — Et cette distinction va nous servir à
concilier la loi 17, § 1 ht. avec notre règle que la remise
de gage n'est pas une intercession : un créancier vient
trouver une femme qui a sur les choses de son mari un
double droit de gage; celle-ci lui dit qu'elle a sur ces
choses un gage pour sa créance dotale, et ne lui parle
point du second, qui est né à l'occasion d'un prêt. Le
créancier, après l'avoir désintéressée de sa créance
dotale, se voit plus tard poursuivi par l'action servienne
en vertu du second droit de gage; il répond par l'exception de la convention intervenue, mais la femme lui
oppose la réplique du Velléien : qui doit triompher? —
Le créancier, répond Africain, s'il ignorait qu'il y eût

un gage pour cause de prêt; la femme, dans le cas contraire. — Et de là ou induit que la remise de gage est une intercession d'après la loi 17 et contrairement à notre règle; en effet, dit-on, la femme ne peut opposer la réplique du Velléien qu'en cas d'intercession, et seulement contre un créancier de mauvaise foi; or, ce sont bien là les conditions de l'hypothèse faite par Africain. — Il y a là une erreur qui repose sur une omission; on oublie que si la femme a abandonné son droit de gage pour cause de dot, elle s'est réservé par son silence même son droit de gage pour cause de prêt: de là cette conséquence que sa déclaration suivie de la mise en gage constitue une intercession : en effet, quant au premier droit la remise est valable, mais quant au second, les renonciations ne se présumant pas, la femme, en consentant la mise en gage, n'a fait qu'une cession d'antériorité qui tombe sous l'application du sc. Velléien (l. 21, C. ht. — Donneau, sur la loi 5. C. ht. et les lois dont il tire argument).

La combinaison de loi Julia avec le sc. Velléien a soulevé une question importante : certains textes de Justinien (Inst. princ. *Quibus alienare licet vet non.* — *l. uniq. C. de rei uxor. act.* v, 13, § 15) sembleraient faire résulter de la loi Julia la double prohibition pour le mari d'aliéner le fonds dotal sans le consentement de la femme, et de l'hypothéquer même avec son consentement. Nous admettons, avec M. Demangeat (Condit. du fonds dot. p. 209 et suiv. — Gaius, C. II. §§ 59, 60, 220 — Paul, Sent. II — XIII, §§ 1 à 7) que la prohibition pour le mari d'aliéner sans le consentement de la femme découle seule de la loi Julia, mais nous ne pensons pas que le Sc. Velléien soit l'unique cause de la double prohi-

bition de donner en gage et d'hypothéquer le fonds dotal,
car il est juste de supposer que le mari ne pouvait faire
indirectement, par le gage ou par l'hypothèque, une
aliénation que la loi Julia lui défendait de faire directement. Mais nous allons voir apparaître dans sa sphère
le Sc. Velléien; sans cette disposition la femme eût pu
valider par son consentement la constitution d'hypothèque
on de gage faite par son mari: c'est précisément en ce
point que le Velléien compléta la loi Julia en frappant
la femme d'une incapacité particulière. D'après la loi
Julia, la femme peut, après la dissolution du mariage,
revendiquer l'immeuble aliéné sans son consentement par le
mari; mais elle peut toujours valider cette aliénation en
accordant son consentement; elle peut le faire, parce
que c'était là un cas de dépouillement actuel et immédiat
qui ne rentrait pas dans les cas d'intercession. Il en était
tout autrement lorsqu'elle donnait son consentement à
l'hypothèque que son mari avait constituée sur le fonds
dotal au profit de ses propres créanciers, car alors elle
obligeait ce fonds sur lequel elle entendait bien conserver
son droit vis-à-vis du mari et de ses ayants-cause, espé-
rant peut-être que son mari paierait à l'échéance, et que
les créanciers n'auraient pas à exécuter leur droit sur le
fonds dotal, or, c'est contre le danger de cette illusion
que le Velléien a voulu la protéger (Demangeat, condit.
du fonds dot. p. 215 et suiv).

Nous ne devons pas considérer comme une intercession
l'hypothèque établie par le mari sur le fonds dotal avec
le consentement de la femme et dans son intérêt.

DEUXIÈME CONDITION. — L'intercession, c'est l'intervention (*intercedere*) d'une tierce personne entre un créancier et son débiteur, dans l'intérêt duquel elle s'oblige envers le créancier : d'où il suit que la femme ne fait pas une intercession lorsqu'elle s'oblige (elle ou ses biens), dans l'intérêt du débiteur envers un autre que le créancier, c'est ce qu'Ulpien nous expose dans la loi 8, § 1 : Une femme prie les tuteurs de son fils de ne pas vendre ses biens, et leur promet une indemnité au cas où ils seraient poursuivis pour mauvaise gestion ; elle n'a pas intercédé, dit Papinien, *nullam enim obligationem alienam recepisse, neque veterem, neque novam, sed ipsam fecisse obligationem.* Si les tuteurs sont poursuivis et qu'ils exercent leur recours contre la mère, celle-ci ne peut opposer l'exception tirée du Sc. Velléien. car elle n'a pas fait une intercession (Cujas, sur la loi 8, § 1 — L. 19, pr., §§ 1 et 2, ht. D. — L. 6 pr., C. ht. — Paul, sent. 11 — XI, 2 — L. 22, C. *de admin. tutor.)*

Mais la loi 6 au code, §§ 1 et 2, nous offre deux espèces presque analogues à la précédente, et dans lesquelles il y a intercession : un tuteur veut s'excuser de la tutelle, la mère le prie de rester, promettant de l'indemniser de ce dont il ne serait point payé sur les biens du pupille ; ou bien une mère demandant au magistrat des tuteurs de son choix, se charge des risques de la tutelle : dans les deux cas, il y a intercession ; dans le premier la mère garantit le mineur contre l'action *tutelæ contraria*, et dans le second elle garantit le tuteur contre l'action *tutelæ directa*.

Nous trouvons encore dans la loi 13 au Code une application de la règle qu'il n'y a pas intercession lorsque la femme s'oblige envers une personne autre que le créancier. Une femme contracte un emprunt, puis au

2

moyen de tout ou partie de la somme empruntée, elle paie les dettes de son mari: il n'y a pas intercession, quand même le prêteur aurait connu l'intention de la femme; en effet elle n'est pas intervenue entre son mari et le prêteur, envers lequel le mari n'avait nullement l'intention de s'obliger, elle ne s'est donc pas chargée de la dette d'autrui, *ipsa fecit obligationem*; autrement, dit le jurisconsulte Paul, personne ne voudrait contracter avec les femmes, parce qu'on peut ignorer leurs intentions.

Cette hypothèse présente une grande analogie avec le cas où la femme s'engage à la place d'un autre, qu'elle dispense par cela même de s'obliger, et qui doit bénéficier du contrat: il faut bien distinguer les deux espèces: dans l'une comme dans l'autre, la femme crée une obligation, elle ne se charge pas d'une obligation préexistante, mais d'un côté elle fait une intercession prohibée, en ce sens qu'elle remplace le tiers dans ce contrat en apparence fait pour elle-même, tandis que dans l'hypothèse de la loi 13 elle ne tient la place de personne dans un contrat que le mari n'eut point fait et dont elle ne cache pas le but au créancier.

Caractères spéciaux de l'intercession prohibée.

Nous avons vu quels sont les éléments constitutifs de l'intercession, recherchons maintenant les circonstances dans lesquelles l'intercession faite par la femme sera prohibée par le Sc. Velléien.

PREMIÈRE CONDITION SPÉCIALE POUR QU'IL Y AIT INTERCESSION PROHIBÉE

Il faut d'abord que l'intercession de la femme ne puisse s'expliquer par l'intention de gérer sa propre affaire, ou de faire une libéralité. En effet, le Sc. Velléien ne frappe pas la femme d'une incapacité générale, c'est une disposition exceptionnelle qui lui laisse le droit de s'obliger *animo donandi* ou dans le but de gérer ses propres affaires.

Cas où la femme a fait sa propre affaire en intercédant. — Il n'est pas toujours facile de discerner si c'est dans son intérêt ou au profit d'autrui qu'elle a intercédé; mais on peut dire en général qu'elle a agi pour elle-même quand elle retire quelque avantage de son intercession, et alors le Sénatus-consulte n'est pas applicable.

C'est en vertu de ce principe que la femme peut.

1° Accepter une hérédité (l. 32. — 13, pr. — 19, § 3. — 21. — D. ht.) ;

2° S'obliger envers un tiers dans l'intérêt de son propre créancier pour éteindre sa dette (l. 13 pr. — 1. 17 § 2.— 1. 24 pr. — 27, § 2 D. — 1. 2, C. ht.) ;

3° S'engager à payer la dette d'autrui lorsqu'elle a été préalablement indemnisée (l. 22. — 16 pr. — 21 pr. D, ht. — L. 23 code).

4° Certains textes considèrent comme un acte de gestion de ses propres affaires l'acte par lequel une femme garantit à son gendre la dot de sa fille : c'est bien la solution qui s'impose à la lecture de la loi 32 § 2, *de cond. indeb.* — 12, 6, de la loi 41 *de jure dot.*, et de la loi 12 au code *ad snc. Velleianum.* Justinien, dans la loi

25 au code ht., étendra plus tard à toutes les femmes la règle que la loi 12 édicte pour la mère.

Mais si la femme n'avait pas agi dans un but de libéralité, ou pour gérer ses affaires, un simple mobile d'affection ou d'humanité n'était pas suffisant pour rendre valable cette intercession qu'elle ne pouvait faire, ni pour son mari, ni pour son père, ni pour son fils.

Cas où la femme fait une libéralité en intercédant. — Nous avons dit plus haut que la femme n'intercède pas en aliénant ses biens, même au profit d'autrui, parce qu'elle n'est pas obligée. — Ce principe admis, il était naturel de ne point considérer comme une intercession l'engagement qu'elle prenait de payer la dette d'autrui, en faisant une *expromissio*, pourvu toutefois qu'elle renonçât à tout recours contre celui pour lequel elle s'obligeait : la prohibition du Sc. Velléien était ainsi respectée, car il ne pouvait y avoir là d'engagements irréfléchis, de ces obligations dont elle eut pu espérer ne pas supporter la charge définitive, c'est-à-dire de ces intercessions prohibées par le Velléien.

Est donc licite l'intercession faite par la femme *animo donandi*; mais il faudrait considérer comme une intercession prohibée l'acte par lequel elle se porterait caution d'un débiteur en renonçant à son recours ; et il suffit de remonter au principe pour admettre cette solution, car la seule condition exigée pour qu'il y ait intercession prohibée, c'est que la femme ait pu croire qu'elle ne débourserait rien ; or, dans notre hypothèse, quand même elle aurait eu une intention libérale, il a pu y avoir dans son esprit un espoir que le débiteur principal paierait sans avoir besoin de son concours, et qu'ainsi le créancier n'aurait pas à exercer son action contre elle.

DEUXIÈME CONDITION SPÉCIALE POUR QU'IL Y AIT
INTERCESSION PROHIBÉE.

La seconde condition, c'est la mauvaise foi du créancier, c'est-à-dire qu'il faut, pour qu'il y ait intercession
prohibée, que le créancier ait su que la femme intercédait pour autrui. S'il avait eu des raisons sérieuses de
croire qu'elle agissait dans son intérêt propre, elle
n'aurait pas le droit de se prévaloir de l'exception qui lui
est accordée par le Sc. Velléien (l. 12, D ; l. 1, C. ht),
ce que le rescrit des empereurs Sévère et Antonin justifie
en ces termes : « *Decipientibus mulieribus senatus
consultum auxilio non est* (l. 2, § 3 ; 23 ; 30 ; D ; 5 Code,
ht.) Ulpien ajoute en rapportant ce texte : « *deceptis,
non decipientibus opitulatur.* » Il fallait donc, pour que
la femme ne pût invoquer le Velléien, qu'elle eût agi de
mauvaise foi, en déguisant son intercession (l. 29 § 1,
l. 6, *in fine*, l. 7, D. ht). La loi 13 au Code semble
contredire ce que nous venons d'avancer, mais nous
savons que dans cette hypothèse il n'y a pas intercession
parce que le mari n'eût point contracté avec le créancier,
et que par conséquent la femme n'est pas intervenue entre
eux, *ipsa fecit obligationem.*

L'intercession déguisée peut se produire de deux
manières :

1° Elle peut se faire d'abord par la femme contractant
en apparence pour elle-même, et en réalité au profit d'un
tiers ; c'est ce que le sénatus-consulte prévoyait en par-
lant des *mutui dationes pro aliis*, ce qu'il faut interpréter
passivement, d'après Cujas, c'est-à-dire que ces expressions doivent s'entendre en ce sens que la femme reçoit un

prêt pour en faire profiter un tiers, le créancier connaissant son intention. (F. 4 pr., 27 pr., 28 pr. et § 1, D. ht.)

2° L'intercession déguisée peut aussi se faire par l'interposition d'une personne autre que la femme : un tiers contracte avec le créancier sur le mandat de la femme ; on comprend qu'alors il ne peut ordinairement être question de bonne foi chez ce mandataire ; s'il agit contre la femme par l'action *mandati contraria*, sa prétention sera repoussée au moyen de l'exception du sc. Velléien, sans qu'il ait d'autre recours qu'une action de gestion d'affaires contre le débiteur qui a profité de son intercession (F. 8, § 4 et 6 ; F. 6 et 7 ; F. 32, §, D. ht). Pourtant il peut arriver que ce mandataire ignore le rôle que la femme lui fait jouer ; voici l'espèce assez compliquée imaginée par Africain dans la loi 19, § ult , D. ht. : *Primus* a une créance contre *Titius*, pour lequel une femme, *Seia*, veut intercéder ; connaissant la prohibition du sénatus-consulte, *Primus* s'y refuse, et *Seia* demande alors à *Secundus* de lui prêter une somme avec laquelle elle se propose de payer *Primus* ; *Secundus, ignorant la cause pour laquelle Seia fait l'emprunt*, consent à ce qu'on lui demande, et reçoit de *Seia* le mandat de compter la somme à *Primus*. Question de savoir si, lorsque *Secundus* voudra réclamer à *Seia* la somme dont il s'agit, l'exception du sénatus-consulte pourra lui être opposée ? Le jurisconsulte estime qu'on peut traiter *Secundus* comme un fidéjusseur de la femme, et, de même qu'il est donné au fidéjusseur, quoiqu'ayant ignoré que la femme fît une intercession, une exception pour repousser le créancier, afin qu'il n'ait pas lui-même une action de mandat contre la femme, de même *Secundus* obtiendra une exception utile contre *Primus*, et n'aura point d'action contre la femme, parce que celle-ci serait en danger de ne pas être remboursée par le débiteur pour lequel elle a intercédé. — Ce raisonnement serait plus juste si *Secundus* s'était aperçu qu'il y avait eu intercession, avant de verser l'argent entre les mains de *Primus ;* mais s'il avait payé auparavant, il s'agit de savoir si la femme aura le droit de le repousser, et si lui-même pourra recourir contre *Primus* par une *condictio?* Dans le premier cas, en effet, puisqu'il a eu connaissance de l'intercession avant de payer, on lui accordera l'exception du sénatus-consulte, comme au fidéjusseur d'une femme intercédante ; dans le second cas, au contraire, ne vaut-il pas mieux considérer *Secundus* comme ayant promis une somme à *Seia*, qui l'aurait ensuite délégué à son créancier *Primus?* — Si *Secundus* est regardé comme un fidéjusseur, il sera repoussé par l'exception Velléienne que lui opposera la femme (L. 7 ; 32, § 3 D. ht.), et ne pourra recourir contre *Primus* que par la *condictio indebiti.* S'il est au contraire considéré comme un débiteur que la femme a délégué à *Primus*, Seia sera valablement obligée envers lui puisqu'il n'y a pas intercession ; mais admettre cette interprétation, c'est donner aux femmes un moyen par trop simple de tourner le sc. Velléien.

Aussi le jurisconsulte Africain renonce-t-il à l'idée d'un débiteur délégué qu'il avait d'abord admise, pour revenir à celle du fidéjusseur « parceque, dit-il, par la délégation, la femme ne s'oblige pas, mais dans l'espèce proposée, elle assume l'obligation d'autrui, ce que le Sénat n'a certainement pas voulu. »

L'opinion d'Africain est donc que Seia a fait une intercession déguisée par l'intervention de *Secundus* qui s'est obligé pour elle envers *Primus ;* celui-ci, qui est de mauvaise foi, se verra repoussé par l'exception, comme si la femme avait fait une intercession directe.

Il est à remarquer dans ce texte que *Secundus*, qui intervient de bonne foi, est néanmoins repoussé par l'exception, lorsqu'il exerce son recours contre la femme.

TROISIÈME CONDITION SPÉCIALE NÉCESSAIRE POUR QU'IL Y AIT INTERCESSION PROHIBÉE.

Il avait été apporté quelques exceptions à la défense du Sénat, par faveur pour certains créanciers; il fallait donc, outre les deux conditions déjà développées, que l'intercession ne fût pas faite dans l'une des circonstances suivantes;

1º La femme pouvait prendre en main les intérêts de certaines personnes, avec l'autorisation du préteur accordée *cognitâ causâ* (F. 3 § 2, D, XL, 12; F. 41, D. III, 3).

2º Le Velléien n'était pas applicable à l'intercession faite par la femme qui se serait obligée envers un mineur de 25 ans, au profit d'un tiers débiteur (F. 12, *de minoribus*, D. IV, 4). Le mineur n'a pas à souffrir de l'application du sénatus-consulte si le débiteur primitif est solvable, car si la femme ne s'est obligée que comme caution, le mineur s'adressera au premier débiteur, qui le paiera, et si la femme s'est obligée au lieu et place du premier débiteur, le mineur auquel elle opposera le sénatus-consulte, recouvrera sa première créance, comme tout autre créancier.

Il n'en est pas de même au cas où le débiteur primitif est insolvable: si l'on donnait, même dans ce cas, à la femme l'exception du sénatus-consulte, le mineur serait lésé; son intérêt a été préféré à celui de la femme; elle ne pourra point se prévaloir de son incapacité contre lui.

3° On sait que le *procurator ad defendendum* est obligé de donner la caution *judicatum solvi*, avec garantie de fidéjusseurs ; si ces fidéjusseurs s'obligent en vertu d'un mandat que leur donne une femme, pourront-ils, lorsqu'ils seront poursuivis par le créancier, invoquer du chef de cette dernière l'exception du sénatus-consulte ? Le créancier pourra, dit la loi 6 au D, opposer une réplique de dol à l'exception du sénatus-consulte, et alléguer qu'il y a eu mauvaise foi de la part des fidéjusseurs de ne pas l'avertir qu'ils étaient délégués par une femme.

Lorsqu'une femme est déléguée comme étant débitrice du déléguant, alors qu'elle ne l'est pas, la bonne foi du créancier délégataire qui alléguera son ignorance ne le mettra pas à l'abri du sénatus-consulte, car il sera inexcusable de ne pas s'être informé si la dette existait réellement (L. 17, pr. D.)

4° Lorsque la femme intercède pour une cause pieuse, le sénatus-consulte n'est pas applicable. C'est une de ces exceptions que Justinien étendra plus tard par faveur pour la cause qui en est l'objet. On peut dire aussi que la femme fait en quelque sorte son affaire, car il y a un devoir de conscience de la part de la femme à intervenir dans les cas que nous citent les textes. Le préteur, dit la (loi 3, § 2, D. 40, 12) peut, *cognitâ causâ*, admettre une femme à défendre en justice pour son mari ou pour un de ses cognats dans un procès sur leur qualité d'esclave ou d'affranchi, s'il ne se présente aucune autre personne pour jouer le rôle de défendeur. Il peut encore l'admettre à défendre en justice, à cette même condition qu'il ne se présente pas d'autre défendeur, dans un procès quelconque pour ses ascendants, lorsqu'ils sont empêchés par l'âge ou la maladie (L. 41, D 3, 3.)

Sanction du sénatus-consulte Velléien

I. — GÉNÉRALITÉS

Après avoir recherché et groupé les éléments d'une intercession prohibée, il nous reste à voir les effets qu'elle produit lorsque la femme, en intercédant, a contrevenu au sc. Velléien. Quelle est la sanction de cette loi ?

Le principe est absolu, « *totam obligationem senatus improbat* » (F. 16, § 1, D. ht.), c'est une nullité radicale qu'édicte le Sénat; elle est d'ordre public, car elle intéresse non-seulement la femme, mais la société : on se rappelle en effet que ce fut pour diminuer l'influence du sexe qu'on prohiba l'intercession : d'où il résulte que la femme ne pourrait ratifier, par un acte postérieur, une intercession que la loi frappe d'une nullité d'ordre public (F. 8, § 3, D. ht.)

1° Toute action sera refusée contre la femme ou contre ceux qui, de son chef, pourraient se prévaloir du sénatus-consulte; si le préteur accorde une action, il y insérera *l'exceptio senatus-consulti*, et si la femme a exécuté l'obligation infirmée, la *condictio indebiti* lui sera accordée. — Cette *condictio indebiti* accordée à la femme nous montre que le sc. ne laisse pas même subsister une obligation naturelle; nous le prouverons ultérieurement.

2° Quant au créancier, il eut été injuste de le laisser dépouillé de toute ressource et de ne pas lui restituer son action contre le débiteur primitif lorsque la femme refusait d'exécuter son obligation; aussi le préteur intervenait-il pour lui accorder une action utile contre le débiteur.

II. EFFETS DU SÉNATUS-CONSULTE PAR RAPPORT A LA
FEMME ET AUX PERSONNES QUI PEUVENT, DE SON CHEF,
INVOQUER LE BÉNÉFICE DE CE SÉNATUS-CONSULTE.

Si dans l'instance *in jure* le créancier conteste que la
femme ait fait une intercession, ou s'il prétend prouver
qu'elle est dans l'un des cas exceptionnels où le sénatus-
consulte n'est pas applicable, le préteur délivrera l'action
contre la femme en y insérant *l'exceptio senatusconsulti*.
— Mais si le créancier ne répond rien à la femme qui
prétend avoir intercédé, toute action soit réelle, soit
personnelle, lui sera refusée, c'est ce que dit le sénatus-
consulte « *ne eo nomine ab his petitio neve in eas actio
detur.* »

*De l'exception du senatus-consulte Velléien et de la
réplique.* — Nous venons de voir comment le préteur
donne à la femme un moyen de défense, ce moyen est
employé par elle sous forme d'exception ou de réplique ;
elle l'emploie sous forme de réplique lorsqu'elle l'oppose
à une exception invoquée par le créancier. Ainsi une
femme, ayant constitué un gage pour sûreté de la dette
d'autrui, revendique l'objet du gage entre les mains du
créancier gagiste : si celui-ci répond par l'exception tirée
de la constitution du gage, elle triomphera de sa résistance par la *replicatio senatusconsulti Velleiani.*

Caractères de l'exception du senatus-consulte Velléien. —
1° Cette exception est perpétuelle, et elle a même ce
caractère particulier parmi les exceptions perpétuelles,
qu'elle peut-être opposée après que la sentence a été
rendue, au moment où l'on en poursuit l'exécution.

Il n'en est pas ainsi de toutes les autres, et lorsqu'un débiteur a omis de faire insérer dans la formule l'exception qui le protégeait, nous savons qu'il peut se faire restituer *in integrum* en faisant substituer à la première formule une seconde qui contienne l'exception : mais il doit le faire avant la condamnation. (L. 8, C. 8, 36).

2° L'exception du Sc. Velléien *est rei cohœrens*, attachée à la chose et non à la personne (L. 7. § 1, D. 44, 1), ce qui signifie, dit Donneau, qu'elle est accordée aux femmes, non parce qu'elles sont femmes, mais parce qu'elles ont intercédé; d'où l'on conclut rigoureusement que l'exception est donnée non-seulement à la femme qui intercède, mais encore à quiconque se trouve obligé par suite de cette intercession : aussi allons-nous voir que plusieurs personnes peuvent invoquer cette exception : en effet, elle est accordée non-seulement à la femme, mais encore, A, à ses héritiers. (L. 20, C. ht; B, à ses mandataires (L. 15, C.); C, à ses fidéjusseurs (L. 14, C.); Gaius Cassius prétendait refuser l'exception au fidéjusseur qui s'était obligé *animo donandi*, et la lui accorder seulement dans le cas où il avait un recours contre la femme par l'action de mandat; mais Julien, dans la loi 16, § 1, D. ht., la lui accorde dans tous les cas, *quia to'am obligationem senatus improbat*; D, l'exception peut aussi être invoquée par celui qui a hypothéqué sa chose pour garantir l'intercession de la femme. (L. 2, D. 20, 3); E, par celui que la femme a délégué au créancier comme son débiteur, alors qu'il ne l'était pas. (L. 8, § 4, D. ht.); F, par le fidéjusseur du débiteur principal, mais à deux conditions : qu'il se soit obligé sur le mandat de la femme, ce qui constitue une intercession déguisée, et que le créancier ait eu connaissance de ce mandat, c'est-à-dire, qu'il ait été de mauvaise foi. (L. 32, § 3, D).

A qui l'exception du sénatus-consulte Velléien peut-elle être opposée? Elle peut l'être à toute personne qui veut exercer une action dont la cause se trouve dans l'intercession de la femme; elle peut donc être opposée, non-seulement au créancier qui a reçu l'intercession, mais encore au fidéjusseur de la femme et à toute personne exerçant contre elle une action *négotior. gestor.* ou *mandati contraria* (L. 7 et 32, § 3, D. ht.), soit enfin à celui qui la poursuit *ex stipulatu*, dans les circonstances indiquées à la loi 19, § 5, ht., et qui est assimilé par Africain à un fidéjusseur de la femme.

De la condictio indebiti et de la revendication. — La femme qui a exécuté l'obligation qu'elle avait contractée pour autrui, a le droit de répéter ce qu'elle ainsi payé dans l'ignorance de l'exception que lui accordait le Sc. Velléien (L. 9, C. ht.). — Il en serait de même si, toujours en ignorant son droit, elle avait délégué son débiteur (L. 8, § 3, D. ht.). — Mais l'exercice de cette répétition est facultatif, la femme peut tenir le paiement pour valable, et recourir par l'action *mandati contraria* ou par l'action *negotiorum gestorum* contre le debiteur pour lequel elle s'est obligée; celui-ci agira prudemment en ce cas, en se faisant donner par la femme une caution destinée à l'indemniser le jour ou la femme ayant changé d'avis, intenterait la *condictio* contre le créancier, qui ne manquerait pas de recourir contre le débiteur (L. 31, D, ht.)

La *condictio indebiti* est accordée non-seulement à la femme, mais encore à tous ceux qui ont exécuté l'obligation née de son intercession.

Le droit de revendication est accordé à la femme lorsqu'elle a concédé un droit de gage sur sa chose en exécution de l'intercession ; par la revendication, elle reprend
sa chose libre de toute charge. Le § 1 de la loi 32, nous
dit même qu'elle aurait le droit de la revendiquer entre les
mains d'un tiers à qui le créancier l'aurait vendue, *ne
melioris conditionis emptor sit, quàm fuerit venditor*.

*Le sénatus-consulte Velléien ne permet pas que la
femme soit obligée même naturellement.* — Nous avons
dit plus haut que le Sc. Velléien ne laissait pas même
subsister une obligation naturelle : *totam obligationem
senatus improbat* ; en effet, la femme qui a payé peut
exercer la *condictio indebiti*, or, l'un des caractères de
l'obligation naturelle c'est d'empêcher cette *condictio* au
cas où le paiement a été effectué (L. 13, 19, de *condict.
indeb.* D. 12, 6 — L. 10 de *oblig.* et *act.* D. 44, 7). —
Ajoutons que le fidéjusseur de l'intercession faite par
une femme peut opposer l'exception du Sc. Velléien,
même quand il s'est obligé *animo donandi*, et nous
savons que l'obligation naturelle peut très-bien être
l'objet d'une fidéjussion (L. 16, § 1, D., ht.) Enfin on
peut en général donner un gage ou une hypothèque
comme garantie d'une obligation naturelle, or, la loi
2 *quæ res pign.* D., 20, 3, n'admet pas la validité du
gage donné comme garantie de l'intercession d'une
femme.

Tout nous conduit donc à croire que le Sc Velléien
ne laisse pas même subsister une obligation naturelle.

C'est ici le moment d'examiner la question de savoir si
l'obligation de la femme qui a intercédé pour autrui est
nulle *ipso jure ou exceptionis ope*.

Nous pensons que l'obligation de la femme est nulle *exceptionis ope :* nos arguments sont dans la généralité des textes, qui parlent de *l'exceptio senatusconsulti Velleiani* et dans la rédaction du sénatus-consulte : « ... *Arbitrari senatum, recte atque ordine facturos, ad quos de ea re in jure aditum erit, si dederint operam ut in eare voluntas senatus servetur.* » Sans doute le Sénat, faisant le droit civil, pouvait déclarer que certains actes seraient nuls *ipso jure* lorsqu'ils seraient accomplis par telle catégorie de personnes ; mais il pouvait aussi, et à plus forte raison, comme le préteur, seconder, compléter et corriger le droit civil, sans le combattre de front et sans renverser immédiatement les institutions qu'il ne croyait plus en rapport avec les mœurs de l'époque. Nous en avons un exemple dans le sénatus-consulte Macédonien : le Sénat n'annule pas *ipso jure* l'obligation du fils de famille, il lui accorde le secours de l'exception : tel nous paraît être l'effet du sénatus-consulte Velléien, qui permettait au préteur de donner l'action naissant du contrat suivant sa nature ; mais la femme enlevait à cette action toute efficacité en faisant insérer l'exception du sénatus-consulte, exception qui était probablement conçue en ces termes : « *nisi in ea re contrà senatus-consultum Velleianum actum sit.* »

Il nous sera facile maintenant de résoudre la question de savoir si la femme peut se soustraire à la prohibition du sc. Velléien en renonçant au bénéfice de la nullité qu'il édicte. — Nous savons que cette nullité était d'ordre public, et il est de principe qu'un incapable ne peut s'attribuer une capacité que la loi lui dénie ; d'un autre côté la prohibition du sc. Velléien était absolue et frappait tout acte que la femme aurait fait en fraude de cette disposition « *omnia quœ in fraudem senatus-consulti excogitata probari possunt.* » F. 29, § 1, D.) — Dès lors comment prétendre que le législateur ait permis de se soustraire ouvertement à une loi qui atteignait tout acte tendant à l'éluder ?

Les partisans de l'affirmative argumentent indistinctement de la Novelle 118 ch. 5 et de textes du code émanant de Justinien, aussi bien que des fragments du Digeste, sans tenir aucun compte du laps de temps qui les sépare, et pendant lequel s'était opéré un changement considérable dans la législation. Mais la question comporte deux réponses différentes, suivant qu'on se place à l'une ou à l'autre époque, et il n'est pas étonnant que Justinien donne à la femme un moyen facile de renoncer tacitement au sc. Velléien, quand il ne lui permet pas d'y renoncer expressément, puisqu'il se proposait d'en abroger les dispositions, ou tout ou moins d'en changer le caractère. Étudions les arguments apportés par les partisans de l'affirmative : 1° On invoque d'abord la loi 3 au Code, *quando mulier tutelœ off.*, ainsi que la Novelle 118, ch. 5, qui forme au même titre l'authentique *matri et aviœ.* — Mais il est facile de montrer que ces textes sont exceptionnels. En effet, dans la loi 22 au Code, *ad sc. Velleian*, Justinien pose en principe que la femme qui renoncera au bénéfice du Velléien deux ans après son intercession fera un acte parfaitement valable, mais par la renonciation faite avant la troisième année, « *nihil sibi prœjudicare quod adhuc ex consequentia suœ fragilitatis in secundam jacturam inciderit.* » La règle est donc que la renonciation, pour être valable, doit être faite après les deux ans qui suivent l'intercession et les deux textes proposés ne font qu'édicter une exception.

2° La loi 23 sert de base au raisonnement suivant : Justinien veut qu'on tienne pour vraie la déclaration faite par la femme qu'elle a reçu le prix de son intercession ; c'est lui permettre de renoncer au Velléien, dit-on, puisqu'elle peut faire une déclaration mensongère. — Ce raisonnement est juste, mais il se retourne contre ceux qui l'avancent à l'appui de l'affirmative, si d'une part on tient compte de la tendance de Justinien à abroger, ou du moins à modifier le Velléien, et si d'autre part on remarque que ce moyen de renonciation tacite serait inutile s'il était permis de renoncer ouvertement au bénéfice du Velléien. Les considérations invoquées par l'empereur laissent d'ailleurs entrevoir qu'il se propose de modifier la jurisprudence antérieure.

3° Parmi les textes du Digeste invoqués dans le même sens, il n'en est qu'un seul dont on puisse sérieusement argumenter pour soutenir l'affirmative, c'est la loi 32 § 4, *ad. Sc. Vell.*, qui décide que la femme peut prendre la défense de celui pour lequel elle a intercédé ; mais il faut qu'elle promette au créancier de ne pas invoquer son exception. Dès lors, dit-on, qui ne voit que l'acte par la femme de prendre la défense de ce débiteur serait nul, comme étant une nouvelle intercession ou une continuation de l'ancienne, s'il n'y avait pas là une renonciation valable au bénéfice du Velléien ; or, si on accorde ce droit au moment où le créancier exerce ses poursuites, il n'y a aucune raison de le refuser dans l'intervalle de l'intercession aux poursuites, et, bien mieux, au moment de l'intercession. — Nous ne pensons pas que les partisans de la négative puissent argumenter, comme l'ont fait Donneau et Vinnius, de la loi 23, D., *de solut.* 46, 3, ainsi conçue : « *Solutione, vel pro nobis judicium accipiendo, et incerti,*

3

et ignorantes, liberari possumus. « La femme, disaient ces auteurs, peut payer pour le débiteur ; en prenant sa défense en justice, elle fait la même chose que si elle payait, et si elle le fait avec la conscience de son droit qu'elle abandonne, de même qu'elle ne pourrait intenter la *condictio indebiti* après avoir payé, elle ne peut exciper du Sc. Velléien après avoir été condamnée. — Mais ce texte ne tranche pas la question, car il ne s'agit pas de savoir si en général un débiteur peut être libéré, même à son insu, par le paiement que fait un tiers ou la défense que ce tiers prend en justice ; la question spéciale au Velléien est celle-ci : la femme peut-elle, vu la prohibition de ce Sc., défendre *pro alio* comme elle peut payer pour autrui ? — Or, si nous avons des textes qui lui permettent de payer pour autrui, nous en avons aussi qui lui interdisent formellement de défendre en justice *pro alio* (L. 2, § 5, ht.). Cependant la solution déduite de la loi 32, § 4, serait exacte, si nous n'avions, dans le texte même, un argument décisif pour repousser le prétendu principe de la renonciation facultative au bénéfice du Velléien. En effet, qu'était-il besoin de caution donnée par la femme au créancier si sa renonciation était valable ? « *Cavere debebit exceptione se non usuram.* » « Cette caution imposée à la femme, dit M. Gide, serait chose non-seulement inutile, mais inconcevable, s'il était permis à la femme de renoncer directement à son exception ; car, en ce cas, pour donner pleine sécurité au créancier, elle n'aurait qu'à déclarer qu'elle renonce, et dès ce moment son exception serait perdue. »

Si la femme est obligée de fournir une *cautio*, c'est parce que même après le jugement, elle pourrait recourir à cette exception à laquelle elle vient de renoncer.

« Je conviens, au reste, ajoute M. Gide, que cette caution n'était au fond qu'un détour pour éluder la loi; toutefois, on avait ici une garantie contre la fraude, c'était le contrôle du magistrat, entre les mains de qui la caution était fournie; sans doute, les juristes romains, toujours fertiles en expédients, avaient voulu ménager ainsi au magistrat un moyen pour échapper à l'application de la loi, dans le cas où elle eût compromis des intérêts sérieux. »

Cette solution, conforme aux principes généraux et à l'esprit du sénatus-consulte, paraîtra plus évidente encore, si l'on songe qu'en permettant à la femme de renoncer à son privilége, on l'eut implicitement abrogé: Qu'est-ce en effet qu'une loi qui annule l'acte d'un incapable parce qu'il est réputé n'avoir pu en prévoir les conséquences, et qui permet à ce même incapable de renoncer à cette protection de la loi! Est-ce qu'une pareille disposition ne sera pas lettre morte dans la pratique? Cette clause de renonciation ne fera-t-elle pas corps avec l'acte d'intercession, de sorte que l'incapable, présumé victime de son inexpérience et protégé par la loi, sera censé apte à renoncer à cette protection, c'est-à-dire en même temps capable et incapable. Les jurisconsultes romains l'avaient bien compris, c'est ce que prouvent les lois 29, § 1, 8, § 3, D.; 9 au Code; 19, § 5, D. ht.

III. — EFFETS DU SÉNATUS-CONSULTE PAR RAPPORT AU CRÉANCIER.

Par l'intercession de la femme le créancier ne perd pas toujours son action contre le débiteur; il peut arriver en effet que l'engagement de la femme s'adjoigne accessoirement à l'obligation principale, en ce cas, le créancier a deux actions : il conserve la première contre le débiteur, et en acquiert une autre contre la femme. — Si plus tard l'intercession de la femme est annulée, le créancier exercera son action contre le débiteur. — Mais si la femme l'avait libéré par son intercession, la rigueur du droit civil laissait le créancier dépouillé de toute action quand la femme invoquait son incapacité ; pour corriger cette rigueur du droit civil, on accordait au créancier, une action utile appelée restitutoire (L. 16, § 1 ; L 8, § 9, 12, 13, ht.) ou rescisoire, *prislina actio* (L. 16, C. ht.). — Il est des cas ou la femme ne se charge pas d'une obligation ancienne, mais s'interpose pour un tiers qu'elle dispense ainsi de s'obliger ; c'est une intercession déguisée, qui ne devient une intercession prohibée, ainsi que nous l'avons vu, que par la collusion du créancier ; dans ce cas il ne peut être question d'une restitution véritable, puisqu'aucune obligation antérieure n'existait ; mais on obtiendra un résultat analogue par l'institution d'une action contre le tiers, si plus tard la femme est soustraite à son obligation, c'est ce que les interprètes ont appelé l'action institutoire (L. 8, § 14 D.)

Dans les divers cas d'intercession où la femme s'oblige au lieu et place de celui qui bénéficie de son obligation, on est donc amené à dire qu'il est dispensé de s'obliger, s'il ne l'avait pas encore fait, ou qu'il est libéré, dans le cas contraire ; le créancier ne peut agir contre lui suivant les principes généraux sur l'extinction des obligations, ni contre la femme à cause du Velléien. Mais comme il serait inique que le débiteur s'enrichit aux dépens du créancier, le préteur accorde à celui-ci une action utile, qu'on appelle *pristina actio*, *restitutoria*, ou *rescissoria* (L. 8, § 8, D, ht.).

Il nous reste à rechercher le caractère de cette restitution, et à déterminer dans quel cas, à quel moment, à
qui et contre qui elle est donnée.

I. — CARACTÈRE DE CETTE RESTITUTION

Donneau et Voët prétendent que c'est une véritable
restitutio in integrum, non pas qu'elle soit l'objet d'une
disposition spéciale de l'édit, mais elle serait comprise
dans ces termes généraux : « *Item si qua alia mihi justa
causa esse videtur, in integrum restituam* (L. 5, § 1,
D. iv, 6). Cette opinion n'est pas admissible, car l'action
restitutoire accordée au créancier ne réunit pas les caractères de la *restitutio in integrum*. En effet, il n'est pas
question de l'action restitutoire dans le titre de *in integrum restitutionibus*, et nous ne voyons dans aucun texte
que cette action restitutoire soit précédée de la *cognitio
causæ* qui se fait avant toute *restitutio in integrum*
(L. 3, D. iv, 1). Tandis qu'on a, à l'époque classique,
pour intenter la *restitutio in integrum*, une année utile,
et quatre ans sous Justinien, l'action restitutoire est
perpétuelle (L. 10, ht.); elle peut être demandée alors
même que le créancier pourrait se faire rembourser par
un autre moyen, mais la *restitutio in integrum* est une
dernière ressource qu'on ne peut employer qu'en l'absence
de toute autre. (L. 16. pr. *de minor.* D. 4. 4. L. 8, § 13).
Dans la loi 12 *de minor.* D. Gaius qualifie de droit
commun cette réstitution d'action, *communi jure in
priorem debitorem actio restitutur*, or, l'*in integrum
restitutio* est tout-à-fait en dehors du droit commun, et
c'est sous le nom d'*extraordinarium auxilium* qu'elle est
toujours désignée par Gaius et par tous les jurisconsultes.

De ce défaut de concordance nous concluons que l'action restitutoire n'est pas une *restitutio in integrum*, que c'est l'action primitive conservée ou rendue par le préteur au créancier, malgré la novation *jure civili* qui a libéré le débiteur. On comprend ainsi pourquoi cette action est appelée *utilis* et *rescissoria* ou *restitutoria*, puisqu'elle est introduite par le préteur, qu'elle rend au créancier une action qu'il avait perdue, et qu'elle ne tient aucun compte de l'intercession de la femme. C'est ainsi, comme on le voit à la loi 50 *de minor* D. 4. 4, que le créancier d'un mineur qui s'est obligé pour autrui, et qui a obtenu la *restitutio in integrum*, reçoit une action analogue et se trouve rétabli dans sa situation primitive ; c'est ainsi que le préteur accorde une foule d'actions dans des circonstances diverses, notamment dans le cas de la *capitis deminutio* frappant un débiteur, ainsi qu'il est dit au § 38 du C. IV de Gaius.

II. — A QUI EST ACCORDÉE L'ACTION RESTITUTOIRE ?

En général, l'action restitutoire est accordée à tout créancier qui souffre de la nullité de l'intercession de la femme ; elle appartient donc au créancier et à tous ses successeurs. Pourtant elle ne serait pas donnée à deux *rei stipulandi* dont l'un seulement aurait reçu l'intercession de la femme : celui-ci serait restitué ; quant à l'autre, il n'aurait droit à aucune restitution, puisqu'il ne serait pas repoussé par l'exception du Sc. (L, 8, § 11, D. ht.)

III. — CONTRE QUI L'ACTION EST RESTITUÉE

L'action restitutoire est donnée contre tous ceux qui ont été libérés par l'intercession de la femme, afin que le créancier soit mis dans la même position que s'il n'avait pas reçu cette intercession. (L. 14, D. ht.). L'action est donc restituée :

1° Contre le débiteur principal libéré par *l'intercessio*. (L. 1, § 2, D.);

2° Contre les héritiers et autres successeurs du débiteur. (L. 10, D.);

3° Contre les fidéjusseurs du débiteur libéré (L. 14, D.);

4° Contre tous les *correi promittendi*, lors même que la femme n'aurait intercédé que pour l'un d'eux, car elle a ainsi libéré tous les autres. (L. 20, D. ht., et loi 2, de *duobus reis*, D. 45, 2);

5° Contre la femme elle-même, lorsqu'elle a succédé au débiteur primitif, *restitutoria eam conveniri posse, sed et directa : nihil enim ejus interest qua actione conveniatur* (L. 8, § 13, D. ht.);

6° Contre le maître de l'esclave pour lequel la femme s'est obligée. (L. 9 et 32, § 5);

7° Contre celui que la femme a dispensé de s'obliger en contractant à sa place, (L. 8, § 14, D. ht.). Ce n'est pas alors une restitution, mais plutôt une institution d'action que fait le préteur, aussi est-elle appelée action institutoire, *instituit magis quam restituit obligationem*. Et l'action ainsi donnée est celle que le créancier aurait eue contre la femme si elle eût été valablement obligée.

IV. — CAS OU LA RESTITUTION D'ACTION N'A PAS LIEU.

L'action n'est pas restituée au créancier : 1° Dans tous les cas exceptionnels où la femme a fait une intercession valable ;

2° Lorsque la femme a payé connaissant ses droits.

Dans ce cas en effet la *condictio indebiti* lui est refusée.
(L. 8, § 10, D.);

3° Lorsque la femme se présente en justice pour
prendre la défense du débiteur, après avoir donné caution
au créancier qu'elle n'invoquera pas l'exception du Sc. le
débiteur est alors libéré. (L. 32, § 4, ht. L. 23 *de solut.*
D. 46, 3).

Innovations de Justinien.

Pour guérir la société romaine et combattre victorieu-
sement le mal dont elle était atteinte, il fallait un remède
plus puissant, un principe de vie plus pur et plus actif que
cet ensemble de lois qui réprimaient le luxe et poussaient
au mariage comme à la procréation des enfants par l'appât
de bénéfices pécuniaires à réaliser. — Fruits corrompus
d'une civilisation avancée, les lois destinées à réprimer
la débauche ne faisaient qu'exciter des raffinements de
débauche nouveaux : jamais le vice ne s'était étalé avec
autant d'impudence. qu'à l'époque même où le poète,
flattant l'orgueil de l'empereur, attribuait à Auguste
l'honneur d'avoir restauré les mœurs antiques :

> Nullis polluitur casta domus stupris
> Mos et lex maculosum edomuit nefas.
> (HORACE, ode IV, liv. 4).

Toutes ces dispositions n'étaient pas faites pour l'empereur, et Horace, qui glorifiait les lois portées contre le
célibat, était le plus déterminé des célibataires. Il ne
suffisait pas de faire revivre la morale dans la législation,
il fallait implanter dans les âmes un principe supérieur

capable d'arrêter la décomposition et de régénérer la
société : ce fut l'œuvre admirable et éternellement glorieuse
du Christianisme.

L'incapacité velléienne, destinée dans l'intention du
législateur à contenir le débordement des vices en restrei-
gnant le cercle des attributions du sexe, ne devait pas
survivre à l'état de civilisation qui l'avait rendue nécessaire. Sous Justinien, la dignité de la femme relevée par
le christianisme, permit à cet empereur de transformer
complètement cette incapacité : désormais la femme pourra,
du moins sous certaines conditions, intercéder pour tout le
monde, excepté pour son mari : les considérations d'intérêt
général ont disparu. mais la prohibition subsiste quant
au mari par des raisons toutes d'intérêt privé ; l'incapacité
de la femme ne tient plus à son sexe, mais à sa qualité
de femme mariée. Il est bon de préciser ici le but que
poursuivait Justinien en transformant l'incapacité velléienne, quoique cette recherche puisse paraître étrangère
à notre sujet ; connaissant l'intention du législateur,
nous découvrirons plus facilement l'esprit des lois, et le
motif des réformes successivement apportées au sénatus-
consulte Velléien. — Justinien veut assurer la conservation de la dot dans l'intérêt de la famille, tel est le but
constant qu'il poursuit. Pour cela, il garantit la dot non-
seulement contre les dissipations du mari, mais encore
contre les faiblesses de la femme ; et ce n'est pas seulement l'aliénation directe de ses biens dotaux qu'il défend.
il déclare nulle toute intercession de la femme pour son
mari afin qu'elle ne puisse par là consommer une aliénation indirecte : cette incapacité ne constitue plus une
infériorité juridique de la femme, elle frappe les deux
époux dans l'intérêt de la famille à laquelle la loi veut

conserver son patrimoine, aussi ne va-t-elle pas tomber en désuétude comme le Velléien. Le sénatus-consulte avait disparu avec la société dont il était un besoin ; « au contraire, la nouvelle loi velléienne, protectrice des intérêts de la famille reconstituée sur le principe chrétien, devait se répandre jusqu'aux extrémités de l'Europe et se perpétuer jusqu'à nos jours. »

SECTION I.

INTERCESSION FAITE PAR LA FEMME AU PROFIT D'UN ÉTRANGER. ABROGATION PARTIELLE DU VELLÉIEN.

Avant Justinien, la femme était incapable d'intercéder pour qui que ce fût ; sous Justinien la prohibition, restée absolue quant au mari, est moins rigoureuse quand il s'agit des tiers. Il peut arriver que les circonstances rendent l'intercession valable parce qu'elle a une juste cause ou qu'elle dénote une volonté sérieuse et constante de s'obliger.

A. — *Validité de l'intercession à raison de circonstances qui font présumer que l'engagement de la femme est sérieux et réfléchi.*

1er CAS. — Le Velléien cesse d'être applicable lorsque la femme a renouvelé son intercession après deux ans d'intervalle.

En permettant à la femme de faire valoir son intercession par une ratification faite deux ans après, Justinien s'appuie sur ce motif que cette volonté persévérante montre que la femme s'est obligée pour elle-même et non pour autrui, *videtur non pro alienâ obligatione se illigare,*

sed pro suâ causâ aliquid agere. Il est impossible aussi
que la nullité résultant du Velléien reste une nullité
radicale, d'ordre public, elle devient d'ordre privé,
puisqu'il est permis à la femme de la couvrir par une
ratification qui a pour effet de purger les vices de la
première intercession. Je ne crois pas qu'on puisse
objecter la fin de la loi 22 à cette solution qui me paraît
découler de l'esprit général des réformes de Justinien.

2ᵉ CAS. — S'il est prouvé que la femme ait reçu quelque
chose, ou si elle a déclaré dans un acte public signé de
trois témoins avoir reçu quelque chose pour prix de son
intercession, elle ne peut plus invoquer le bénéfice du
Velléien.

Sous le droit classique, la femme qui avait reçu un
avantage appréciable de son intercession, était réputée
avoir géré sa propre affaire, et ne pouvait invoquer
l'exception velléienne; on conçoit qu'il y avait là un
moyen facile d'éluder la prohibition, car la femme ne
pouvait user de son privilége lorsqu'elle avait déclaré
avoir reçu le prix de son intercession, vu la difficulté où
elle se trouvait de prouver qu'en fait elle n'avait rien reçu.

Quant au montant de la somme reçue par la femme
pour son intercession, quelqu'il soit, Justinien décide
qu'elle ne pourra invoquer le bénéfice du Velléien, et
lorsqu'elle aura déclaré, dans un acte public signé de
trois témoins, avoir reçu quelque chose, *omni modo
credendum*, la déclaration devra être tenue pour vraie.
C'était là un coup bien plus grave porté à la jurisprudence
classique, la loi 22 laissait à la femme deux années pour
revenir sur son engagement; mais par la loi 23 Justinien

enlève tout caractère d'ordre public à la prohibition
Velléienne en autorisant la femme à y renoncer par une
déclaration dont la preuve contraire ne sera pas admise.
S'il n'est intervenu ni écrit ni titre, ce sera au créancier
à prouver que la femme a reçu quelque chose, et à défaut
de cette preuve, la femme pourra le repousser par l'exception du sénatus-consulte Velléien.

3ᵉ CAS. — L'intercession faite par la femme est
valable, lorsqu'elle a été constatée dans un acte public
signé de trois témoins : si, au contraire, ces formalités
n'ont pas été remplies, alors la femme est libre de tout
lien de droit, et n'a pas même besoin, pour se dégager,
d'opposer l'exception du sénatus-consulte. « Cette dernière
innovation de Justinien qui a suscité d'interminables
débats, dit M. Gide, n'est cependant, on le voit, que le
développement des précédentes ; s'il suffit, pour valider
l'engagement de la femme, qu'elle ait manifesté une
ferme volonté de s'obliger, soit en confirmant et réitérant
sa promesse, soit en déclarant qu'elle avait un intérêt
personnel à intercéder, ne devra-t-il pas en être de
même lorsque l'acte d'intercession présentera les meil-
leures garanties possibles d'une volonté libre et réfléchie,
je veux dire les solennités tutélaires d'un acte public?
Ainsi interprétée (et ce n'est pas là, je dois l'avouer,
l'interprétation commune) rien de plus logique que cette
dernière décision de Justinien, rien de plus logique que
tout l'ensemble de ses réformes, elles se résument en un
mot ; au lieu de frapper l'intercession des femmes d'une
prohibition absolue, comme l'avait fait le sénat, Justinien
se contente d'entourer cet acte de formalités et de
garanties, »

Il eut été plus simple, sans doute, d'abroger le Velléien pour les cas où l'intercession se ferait par acte public, signé de trois témoins, mais il fallait se garder de réveiller les souvenirs traditionnels qui s'y rattachaient. Pour amener à l'observation de la nouvelle loi ceux-là mêmes envers qui la femme s'obligeait, Justinien déclare nulle de plein droit et sans qu'il soit besoin d'invoquer l'exception, toute intercession qui ne revêt pas les formes prescrites. C'est l'explication donnée par certains auteurs.

On reconnaît unanimement que la loi 23 édicte la nullité de plein droit de toute intercession non revêtue des formalités de l'acte public, tandis qu'autrefois (du moins dans l'opinion commune), il fallait invoquer l'exception du sénatus-consulte : Justinien aggravait donc en ce point l'ancienne loi ; mais l'accord ne va pas plus loin et les opinions se divisent ici, les uns prétendant que l'acte public n'est qu'un moyen d'échapper à l'exception velléienne, les autres soutenant avec les glossateurs que d'une part l'intercession constatée par acte public donne toujours lieu à l'exception velléienne, et que, d'autre part, l'intercession faite sans acte public est nulle de plein droit. En d'autres termes, au cas où un acte public a été dressé conformément à la loi 23, § 2, la femme est à la vérité obligée *ipso jure*, mais elle peut se défendre par le sénatus-consulte Velléien, tandis que si l'acte public n'a pas été dressé, elle n'aura pas même besoin d'une exception pour repousser l'action du créancier. Ici se forme une troisième opinion qui divise nos adversaires : l'acte public est-il nécessaire pour les cas exceptionnels où le secours du Velléien était autrefois refusé, et où Justinien admet la validité de l'intercession ?

Le glossateur Bulgarus répond négativement et admet que l'intercession vaudra par elle-même, lorsque la femme renouvellera son intercession deux ans après la première, lorsqu'elle aura reçu quelque indemnité et lorsqu'elle s'obligera *pro libertate* et *pro dote* (L. 24 et 25 Code).

L'affirmative est adoptée par le glossateur Martinus, à cause de la généralité des termes de la loi 23, § 2 : « *Sic omnia tractari quæ de intercessionibus feminarum vel veteribus legibus cauta sunt, vel ab imperiali auctoritate introducta sunt.* » D'après lui, Justinien aurait encore apporté une aggravation au sénatus-consulte, puisqu'il impose la nécessité de l'acte public dans tous les cas ci-dessus énoncés, où l'intercession eut été valable, sans autre formalité d'après l'ancien droit ; on excepte pourtant, vu la précisisn des termes « *sive sine scriptis, sive per scripturam interposuerit* » le cas de la loi 23, *prœm.*, où la femme a reçu quelque chose pour intercéder ; mais la majorité exige l'acte public pour l'intercession *pro dote* et *pro libertate* bien que lois 24 et 25 soient postérieures à la loi 23, § 2.

Tout cela est contraire à l'esprit des réformes de Justinien et aboutit à une aggravation du Velléien, tandis que l'ensemble des dispssitions portées sur ce point nous montre que l'empereur vaulait diminuer les prohibitions : le texte d'ailleurs ne se prête pas à une telle interprétation ; il nous sera facile de le prouver.

A-t-on omis de dresser un acte public, l'incercession de la femme est absolument nulle ; a-t-on fait cet acte public signé de trois témoins, c'est alors seulement que les femmes seront obligées ; mais Justinien ne dit pas qu'elles pourront invoquer l'exception du sénatus-consulte.

Il est vrai qu'on prétend tirer cette idée des mots : *Et sic omnia tractari*, etc., qui viennent immédiatement après ; mais outre que cette formule très-vague n'est pas suffisante et que les partisans de cette opinion sont obligés d'admettre aussitôt des exceptions pour ne pas mettre Justinien en contradiction avec lui-même, il est bien plus logique et plus conforme à l'esprit de la loi de l'interpréter en ce en ce sens : toutes les dispositions contraires à la présente loi sont abrogées.

B. — *Validité de l'intercession à raison de la cause qui a poussé la femme à intercéder.*

L'intercession de la femme a une juste cause, lorsqu'elle est l'accomplissement d'une obligation morale, ou d'humanité ; elle est alors sanctionnée par Justinien qui la considère comme émanée d'une volonté réfléchie et dénie à la femme le droit à l'exception velléienne ; c'est ce qu'il décide dans les hypothèses suivantes :

I. Lorsque la femme intercède *pro libertate*, c'est-à-dire lorsqu'elle détermine un maître à affranchir son esclave en se portant débitrice principale ou fidéjussor (L. 24 Code).

II. Lorsqu'elle intercède *pro dote* en s'obligeant à constituer ou à garantir une dot à une femme quelconque (L. 25 Code).

III. Lorsqu'elle renonce au bénéfice du Velléien pour obtenir la tutelle de ses enfants.

La pensée appliquée par Justinien pour l'intercession *pro dote* nous paraît s'adapter parfaitement à ces trois cas : *Nam si spontanea voluntate ab initio liberalitate suam ostendit, necesse est eam suis promissionibus satisfacere* (**L. 25 code ht.**)

SECTION II.

INTERCESSION FAITE PAR LA FEMME AU PROFIT DE SON MARI. —
AGGRAVATION DU SENATUS-CONSULTE VELLÉIEN.

La Novelle 134, chap. 8, qui forme à la suite de la
loi 22 au Code l'authentique *si qua mulier* édicte la nullité
absolue de l'intercession de la femme qui souscrit un
emprunt contracté par son mari; il n'est admis qu'une
exception à cette nullité, c'est dans le cas où il est
manifestement démontré que la somme empruntée a été
employée dans l'intérêt de la femme.

Les termes de la Novelle sont suffisamment explicites
quand il s'agit d'un engagement pris par la femme accessoirement à celui de son mari débiteur principal, mais
la difficulté surgit lorsque la femme est obligée comme
débitrice principale, conjointe ou solidaire. Est-ce alors
au créancier à prouver que l'argent a été emprunté dans
l'intérêt de la femme, ou bien la preuve qu'elle n'a point
profité de l'argent incombe-t-elle à celle-ci? Nous trou-
verons facilement la réponse à cette question dans la suite
de la loi : Justinien, voulant prévenir les conséquences de
la faiblesse de la femme et de l'ascendant du mari,
déclare nul tout engagement pris par elle avec celui-ci,
à moins qu'il ne soit manifestement démontré que
l'emprunt a tourné à son profit, et remarquons bien qu'ici
la prohibition des lois 22 et 23 au Code ne suffirait pas,
la règle doit être plus sévère dans notre hypothèse, car
la femme résistera plus difficilement aux obsessions de
son mari qu'à celles d'un étranger. Rien ne pourra faire
valoir l'intercession de la femme, ni la ratification après
deux années, *sive semel, sive multoties hujusmodi*

aliquid pro eadem re fiat, ni l'acte public signé par trois témoins, *sive privatum sive publicum sit debitum :* l'acte est absolument nul , *hoc nullatenus valere. . sed ita esse ac si neque factum quicquam, neque scriptum esset.* On comprend dès lors que la femme, sous l'empire des obsessions de son mari, eût toujours pris dans l'acte la qualité de débitrice conjointe ou solidaire, si cette déclaration eût suffi à rendre son engagement valable, et dès lors l'exception rigoureuse admise par Justinien devenait la règle ; or, est-il possible de considérer la déclaration de la femme comme une preuve manifeste? Evidemment non, et nous devons dire que la femme, obligée conjointement ou solidairement avec son mari, est présumée s'être obligée dans l'intérêt de celui-ci ; en conséquence, son engagement est nul aux termes de la Novelle 134, à moins que le créancier ne prouve clairement que l'emprunt a tourné au profit de la femme. — C'est par l'exception que nous allons arriver à déterminer l'étendue de la règle. — Quand aux intercessions faites par la femme dans l'intérêt d'un étranger, Justinien avait maintenu dans la loi 23 au Code, l'ancienne règle qui excluait l'application du senatus-consulte Velléien, lorsque la femme avait reçu quelque chose pour prix de son intercession ; mais dès que la femme s'oblige pour son mari, il ne suffit plus qu'elle ait reçu quelque chose ; il faut que la somme empruntée ait tourné entièrement à son profit, de là les conséquences suivantes :

I. La femme qui intervient comme caution n'est nullement obligée envers ses créanciers.

II. En cas d'obligation contractée conjointement, le mari est tenu pour le tout et la femme n'est pas même

4

tenue de moitié, à moins que le créancier ne prouve clairement que la moitié de l'emprunt a été employée à son avantage.

III. Si le mari et la femme ont contracté un emprunt en qualité de débiteurs solidaires, il faut, pour que la femme soit obligée vis-à-vis du créancier, que la somme ait tourné à son profit, sinon le créancier n'a d'action que contre le mari seul.

IV. Peu importe la manière dont l'emprunt a été contracté, si la femme a profité d'une portion quelconque de la somme provenant de cet emprunt, elle sera tenue jusqu'à due concurrence. Rien dans la Novelle ni dans l'Authentique ne nous paraît contredire cette solution parfaitement conforme au principe que personne ne peut s'enrichir aux dépens d'autrui.

Peu importe d'ailleurs à la femme, car si, ayant profité de l'emprunt, elle échappe aux poursuites du créancier, elle reste tenue envers son mari puisque les donations sont probibées entre époux.

Nous avons vu que, sous le Velléien, la femme pouvait se substituer à un débiteur, et faire ainsi une intercession à son profit, *animo donandi*; mais la règle qui prohibait les donations entre époux annulait cette intercession lorsqu'elle était faite en faveur du mari; le motif de cette prohibition et celui de la Novelle 134 étaient identiques : on craignait les conséquences de l'ascendant que le mari exerce sur sa femme; mais d'un côté on ne se défiait que du mari, tandis que de l'autre on craignait également l'oppression du mari et les artifices de la femme. Il est certain que la donation faite par la femme au mari sous la forme d'une intercession consentie *animo donandi* était frappée de nullité, car le texte ne fait aucune exception; il étend donc la prohibition Velléienne, et l'intérêt do cette solution est celui-ci : si la donation est nulle par la règle qui défend les donations entre époux, la nullité pourra se couvrir si la femme ratifie la donation en persévérant dans sa volonté jusqu'à sa mort (1. 32, § 2, D. 24, 1), tandis qu'elle n'est pas susceptible d'être couverte si elle résulte de la Novelle 134.

Il s'est élevé une question sur le point de savoir si la Novelle 61 a été modifiée par la Novelle 134 ; la controverse porte sur ce point : d'après la Novelle 61, lorsque la femme a donné son consentement à une hypothèque établie par le mari sur le fonds dotal pour sûreté d'un emprunt qu'il contracte, le consentement de la femme devient valable lorsqu'elle le renouvelle deux ans après ; on se demande si, depuis la Novelle 134, ce consentement est absolument nul et non susceptible de ratification, alors même que les biens du mari seraient suffisants pour garantir la restitution de la dot. — M. Demangeat soutient que la Novelle 61 n'a été nullement modifiée par la Novelle 134, chap. 8; en effet, dit-il, il est incontestable d'abord qu'elle n'a pas trait au cas d'aliénation du fonds dotal faite par le mari avec le consentement de la femme, car elle ne vise que l'obligation de la femme, et non ses actes d'aliénation. « Enfin, ajoute-t-il, l'hypothèque du fonds dotal constituée par le mari, *volente uxore,* n'étant valable qu'autant qu'en définitive la femme ne sera pas en perte, on ne comprend pas comment Justinien aurait eu l'idée d'étendre même à ce cas, où la femme est déjà si bien protégée, la Novelle 134, chap. 8. » (Demang. Cond. du fonds dot. p. 225).

Je réponds d'abord que cette opinion est contraire à la

tradition Velléienne, dont il est impossible de prouver que Justinien ait voulu s'écarter. Quant à l'objection tirée des termes de la Novelle 134, qui ne parle que de l'obligation de la femme, et non de ses actes d'aliénation, si elle était juste, elle serait également applicable au sc. Velléien, car il ne vise expressément que les hypothèses où la femme oblige sa personne, et cependant les jurisconsultes romains décidèrent que la femme, en obligeant ses biens pour sûreté de la dette d'autrui, faisait une intercession prohibée par le sénatus-consulte. Les conséquences du système de M. Demangeat nous conduiraient à admettre que la femme ne fait pas une intercession prohibée en consentant à hypothéquer non-seulement son immeuble dotal, mais encore ses paraphernaux; or, cette conséquence est tout simplement l'abrogation de la Novelle 134; celle-ci en effet interdit à la femme de s'obliger en général pour son mari, et si la Novelle 61 n'est pas du même coup modifiée, la femme peut se ruiner en conférant aux créanciers de son mari un droit de gage spécial sur ses biens : ce qu'elle ne pourrait faire par l'engagement personnel, elle le fera par l'engagement spécial et réel.

Nous devons donc admettre que le consentement donné par la femme à l'hypothèque établie par son mari sur l'immeuble dotal pour sûreté d'un emprunt, est absolument nul, comme l'hypothèque consentie par la femme, dans les mêmes conditions, sur son bien paraphernal.

Justinien avait permis à la femme, sous certaines conditions, de renoncer au bénéfice du Velléien lorsqu'elle intercédait pour autrui; pouvait-elle faire cette renonciation lorsqu'elle s'obligeait pour son mari? — La négative n'est pas douteuse si l'on prend en considération l'esprit de la Novelle et les termes dans lesquels elle était conçue. — Cette décision n'a pas été admise dans notre ancienne jurisprudence ; c'est un point qu'il importait de noter.

Ce que devint le sénatus-consulte Velléien

Ici se termine notre étude sur le sénatus-consulte Velléien : nous ne le suivrons pas dans ses destinées ultérieures, cet examen ne rentrant pas nécessairement dans notre sujet.

Disons cependant en quelques mots, pour clore ce travail, qu'il survécut longtemps encore à la société romaine. Admis dans notre ancien droit, non-seulement dans les pays de droit écrit, mais encore dans la plupart des pays coutumiers, il était loin cependant d'être appliqué partout de la même manière. Diversement modifiées suivant les lieux et les coutumes, ses dispositions, en effet, avaient donné lieu à de nombreuses divergences dans la jurisprudence des Parlements.

En général, dans notre ancien droit, les renonciations au sénatus-consulte étaient permises. Un arrêt de règlement du Parlement de Paris, du 29 Juillet 1595, avait statué en ce sens, et en même temps enjoint aux notaires « d'informer les femmes qu'elles ne pouvaient s'obliger pour leurs maris sans renoncer expressément au Velléien, à l'Authentique *si qua mulier*. » Ils devaient aussi leur spécifier la nature et les effets des priviléges auxquels elles renonçaient : « mais comment les notaires, dit Hévin, leur eussent-ils expliqué ce qu'ils n'entendaient pas eux-mêmes. » — Les procès infinis que suscitèrent

ces renonciations, qui devinrent de style dans les contrats de mariage, et les recours en dommages-intérêts
auxquels les notaires se voyaient continuellement exposés, amenèrent l'édit du mois d'Août 1606, rendu par
Henri IV, sur la proposition du chancelier de Sillery,
qui abrogea toutes les dispositions du sénatus-consulte
Velléien, et les lois romaines postérieures qui s'y réfèrent. Merlin nous rapporte que « cet édit a d'abord été
enregistré au Parlement de Paris, et il a été exécuté
dans tout son ressort, sauf dans l'Auvergne et dans la
Marche. Il a été ensuite enregistré au Parlement de
Bourgogne le 7 Août 1609. — Un édit de Décembre
1683, enregistré au Parlement de Bretagne le 23 du
même mois, ordonne pour son ressort l'exécution de
l'édit de 1606. Un autre édit de Novembre 1704,
enregistré au Parlement de Franche-Comté le 2 Janvier suivant, rappelle la disposition de l'édit de 1606 et
prononce la validité de l'obligation des femmes. (Réper-
toire, sénat. Velléien, § 1, N° 7).

Mais en Normandie, où cet édit ne fut jamais enregistré, on continua d'observer rigoureusement le Sc. Velléien ; Merlin reproduit le passage de Froland, *(Mémoires
concernant la qualité des statuts, t. 2, p. 974)*, que voici :
« Pour ce qui est de la Normandie, il n'y avait point de
province où le Velléien ait été suivi avec plus d'exactitude
et de religion que celle-ci ; il y a de tout temps été gardé,
et peut être même avec plus d'étendue que chez les
Romains ; on n'y a point permis aux femmes de renoncer
à son exception ; on y a regardé leurs intercessions
comme des actes nuls de plein droit, et pour raison
desquels il n'était point nécessaire d'avoir recours aux
lettres ; on y a rejeté les ratifications qu'elles avaient
faites. »

Le Code civil, dans l'art. 1123, a définitivement fait disparaître de France les derniers vestiges de l'incapacité Velléienne.

Elle existe encore dans quelques pays étrangers, notamment en Allemagne et en Espagne, et elle a été maintenue par le Code sarde dans les art. 2054 et 2055.

DROIT FRANÇAIS

DE LA SÉPARATION DE BIENS JUDICIAIRE

INTRODUCTION GÉNÉRALE

La loi a donné au mari, dans l'association conjugale, une autorité considérable : la femme lui est soumise en tous points, et, s'il doit protéger son épouse, celle-ci doit lui obéir (213-214). Ce n'était pas assez des droits sur la personne ; le législateur a également accordé au mari sur les biens de la femme, des pouvoirs très-importants que le contrat de mariage peut modifier, mais qu'il ne peut faire disparaître entièrement (223-1388).

Cependant la femme ne reste pas sans défense contre l'abus que le mari pourrait faire de ses pouvoirs : la vie commune est-elle devenue insupportable ou incompatible avec la dignité de l'épouse, la voie de la séparation de corps lui est ouverte ; si sa dot est mise en péril, et si le désordre des affaires du mari donne lieu de craindre que ses biens ne deviennent insuffisants pour garantir la restitution de la dot de sa femme, celle-ci peut, sous quelque régime qu'elle soit mariée, demander la séparation de biens, et reprendre l'administration de sa fortune personnelle. La loi l'autorise à demander la séparation, non-seulement lorsque le contrat de mariage la soumet à la communauté, au régime dotal, ou au régime exclusif de communauté, mais même lorsqu'elle jouit déjà, par l'effetde son contrat de mariage, de la capacité accordée par le législateur à la femme séparée de biens. La séparation de biens qui met fin au régime exclusif de communauté offrant beaucoup d'analogie avec la séparation obtenue par la femme commune, nous nous occuperons spécialement du jugement qui prononce la séparation sous la communauté, ou qui vient se greffer sur le régime dotal.

La séparation de biens peut donc résulter d'un jugement; elle peut aussi résulter de la convention des époux, insérée dès le principe au contrat de mariage (1536-1539). Lorsque la séparation de biens intervient par jugement, elle est tantôt principale, tantôt accessoire : dans le premier cas, c'est un secours accordé à la femme dont la dot est compromise; dans le second, c'est une conséquence nécessaire du jugement qui prononce la séparation de corps.

Nous avons à étudier la séparation de biens judiciaire qui présente, sur plusieurs points, des différences avec les autres séparations de biens : nous les signalerons à la fin de ce travail.

Aucune partie de cette étude ne sera réservée à l'ancien droit, nous en donnerons seulement un aperçu en exposant les principales questions que nous aurons à examiner.

La matière sera divisée en quatre chapitres, subdivisés eux-mêmes en sections :

Chapitre I. — Qui peut demander la séparation de biens? — droits des créanciers de la femme; — dans quels cas la séparation de biens peut-elle être demandée?

Chapitre II. — Des formalités auxquelles sont soumises

les demandes en séparation de biens; — du jugement qui prononce la séparation et de sa publicité; — de son exécution et du recours particulier auquel il est soumis...

Chapitre III. — Des effets de la séparation de biens; — effets généraux; — effets particuliers de la séparation intervenant dans le régime dotal; — conséquences de la séparation relativement aux gains de survie.

Chapitre IV. — Caractère de la séparation de biens; comment elle peut cesser; comparaison des différentes séparations de biens entre elles.

CHAPITRE PREMIER.

Qui peut demander la séparation de biens. — Droits des créanciers de la femme. — Dans quels cas la séparation de biens peut-elle être demandée ?

SECTION I. — *Qui peut demander la séparation de biens ?*

L'art. 1443 répond à cette question : « *La séparation de biens ne peut être poursuivie qu'en justice par la femme dont la dot est mise en péril, et lorsque le désordre,* etc.* » C'est donc la femme, et elle seule, qui peut demander la séparation de biens, Pothier l'admettant déjà, malgré l'avis contraire de Lebrun : « Il n'y a que la femme, dit Pothier au N° 513 de son traité de la communauté, qui puisse demander contre son mari la séparation de biens; le mari ayant seul en sa libre disposition tous les biens de la communauté, n'est pas recevable à la demander. Lebrun néanmoins rapporte trois cas dans lesquels il estime que le mari peut être reçu à demander la séparation de biens. » Ces cas sont les suivants :

1° Lorsque les affaires de la femme sont si embrouillées que toute sa fortune ne suffit pas pour les débrouiller.

2° Lorsque les arrérages annuels des rentes dues par la femme excédent considérablement ses reveuus.

3° Lorsqu'un héritage de la femme étant chargé de rentes foncières qui excédent le revenu, la femme ne veut pas consentir au déguerpissement.

Lebrun prétendait que dans ces trois cas le mari pouvait demander la séparation de biens, mais avec cette différence que la femme qui se faisait séparer de biens renonçait à la communauté, tant pour le passé que pour l'avenir, au lieu que le mari ne pouvait renoncer à la communauté pour le passé. Pothier doutait fort que cette doctrine eût prévalu, et il citait un arrêt déclarant la sentence et toute la procédure nulles, nonobstant l'usage de la province d'admettre ces demandes, attesté par la Thaumassière en ses maximes.

Quoiqu'il en soit, aujourd'hui l'art. 1443 et la suite des textes ne laissent pas de doute à cet égard : la femme seule peut demander la séparation de biens.

Les héritiers de la femme décédée ne peuvent pas, à à notre avis, demander la séparation de biens ; en effet que poursuivraient-ils ? La dissolution de la communauté ? Mais la communauté est disssoute depuis le décès de la femme.

La question peut plutôt faire difficulté lorsqu'il s'agit de continuer une instance en séparation de biens introduite par la femme avant son décès. Nous croyons que ses héritiers peuvent continuer l'instance : sans doute elle ne pourrait être introduite contre le gré de la femme ; mais c'est elle-même qui a intenté ce procès qu'elle poursuivait encore au noment de sa mort, et il est naturel de présumer qu'elle ne se fût pas désistée. Les héritiers ne font donc que répondre à ses intentions en prenant sa place ; ils ont pour eux ce principe de droit : *Actiones semel inclusæ in judicio salvæ permanent*, principe auquel il n'est pas fait exception pour la séparation de biens. Ajoutons qu'ils peuvent tirer un argument d'analogie de l'art. 330, qui permet aux héritiers de continuer une action en réclamation d'état, quoiqu'elle ne soit pas transmissible. On ne peut contester qu'ils y aient intérêt, car il s'agit pour eux de faire supporter au mari les frais de l'instance, et de donner pour point de départ à la dissolution de la communauté le jour de la demande plutôt que la mort de la femme (art. 1445). Cet intérêt apparaîtra d'une façon plus évidente si l'on suppose que depuis la demande la femme a reçu des meubles par succession ou par donation ; ces biens seront propres à la femme, et, conme tels, repris par les héritiers, ou ils appartiendront à la communauté, suivant que la séparation sera ou ne sera pas prononcée.

Il peut se faire aussi que le mari ait consenti, durant l'instance, des actes ruineux pour la fortune de la femme ; le jugement qui prononcera la séparation permettra aux héritiers de les faire rescinder.

Nous pouvons donc considérer comme incontestable que les héritiers ont un intérêt à poursuivre l'instance en séparation de biens, et si pour établir qu'ils ne peuvent le faire, on nous objecte que la loi ne les y autorise pas lorsqu'il s'agit d'une instance en séparation de corps, nous répondrons que l'analogie entre ces deux instances est loin d'être complète ; il y a toute la différence qui sépare l'intérêt moral de l'intérêt pécuniaire.

SECTION II. — *Droits des créanciers de la femme.*

La loi, considérant que le droit de demander la séparation de biens, quoiqu'il touche principalement aux intérêts pécuniaires de la femme, n'en produit pas moins pour celle-ci des conséquences très-graves au point de vue moral, a voulu lui laisser la libre disposition de cette ressource, qu'elle attache exclusivement à sa personne, en ne permettant pas à ses créanciers de l'invoquer en vertu de l'art. 1166. La femme est seule juge des sacrifices d'argent qu'elle peut faire dans l'intérêt du ménage et de ses enfants. Quoi qu'on en ait dit, cette disposition est sage, il ne fallait pas sacrifier aux intérêts matériels des créanciers les intérêts moraux d'une famille. — Mais il n'est pas juste, dit on, que la femme puisse acheter cette bonne harmonie du ménage aux dépens de ses créanciers. — Nous répondons qu'en contractant avec une femme commune, les créanciers ont dû calculer les conséquences du régime adopté par leur débitrice. Ils sont d'ailleurs protégés par l'art 1446 qui leur permet d'exercer les droits de leur débitrice en cas de faillite ou de déconfiture du mari. Il eût eté inique, en effet, de laisser la femme libre d'abandonner aux créanciers de son mari des biens qui doivent être le gage de ses propres créanciers.

En principe donc les créanciers personnels de la femme ne peuvent demander la séparation de biens ; cependant l'art. 1446 admet deux exceptions.

Première exception au principe que les créanciers de la femme ne peuvent demander la séparation de biens. —
La femme peut autoriser ses créanciers à faire la demande

en son nom, ce qui est parfaitement conforme à l'esprit
de la loi; car elle reste ainsi juge des sacrifices qu'elle
peut faire; mais il ne faut pas oublier que ses créanciers
ne font pas valoir les droits de leur débitrice en vertu de
l'art. 1166; ils ne sont que ses mandataires, et conformément à la règle « nul ne plaide par procureur, » les
actes de procédure doivent porter le nom de la femme. Si
la demande est repoussée les créanciers supporteront
seuls les frais du jugement; mais si la séparation est
prononcée, il ne serait pas vrai de dire que la femme ne
peut se prévaloir du jugement, car c'est son droit que les
créanciers ont exercé en son nom et avec son autorisation,
et d'ailleurs il est impossible d'admettre que la séparation
soit prononcée vis-à-vis des créanciers sans qu'elle le soit
à l'égard de la femme. Comme les créanciers ne peuvent
introduire l'instance qu'avec l'autorisation de la femme,
nous pensons que leurs intérêts restent subordonnés à
ceux de la femme, qui peut retirer son autorisation,
comme elle serait maîtresse d'arrêter, par un désistement,
l'action qu'elle aurait intentée elle-même.

*Deuxième exception au principe que les créanciers de
la femme ne peuvent demander la séparation de biens.* —
Lorsque le désordre des affaires du mari est notoire pour
tout le monde, il ne serait pas juste que le silence de la
femme pût nuire à ses créanciers, aussi l'art. 1446 leur
permet-il d'exercer les droits de leur débitrice en cas de
faillite ou de déconfiture du mari. Dans ces circonstances,
les ménagements seraient superflus, et le silence de la
femme ne ferait que favoriser les créanciers du mari aux
dépens de ses propres créanciers. Ceux-ci exerceront
donc, jusqu'à concurrence de ce qui leur est dû, tous les

droits qui appartiendraient à la femme en la supposant réellement séparée de biens. Mais il faudrait bien se garder de croire que les droits ainsi exercés par les créanciers de la femme se confondent avec la demande en séparation de biens ; la femme peut se faire colloquer sur les biens de son mari pour le montant de sa dot, et les créanciers peuvent invoquer ce droit jusqu'à concurrence du montant de leurs créances ; ils peuvent se faire payer sur les biens de la femme : mais la séparation n'étant pas, en réalité, prononcée, les revenus appartiennent ensuite au chef de la communauté, qui, une fois les créanciers personnels de sa femme soldés, reprend la plénitude de ses droits d'administration.

Toutefois la femme réclame généralement la séparation de biens en cas de faillite de son mari ; on a même proposé de simplifier dans cette hypothèse les formes de la séparation de biens, afin de dégrever la faillite du mari des frais énormes de la procédure, mais le rapport présenté sur cette question le 24 février 1872, admis d'abord à la prise en considération, a été définitivement rejeté.

Il est évident que les créanciers du mari n'ont pas le droit de demander la séparation de biens, puisque le mari, dont ils sont les ayant-cause, ne le pourrait pas ; mais nous aurons à nous préoccuper de certains droits que leur accorde l'art. 1447, et qui sont destinés à les protéger contre la collusion qui pourrait intervenir entre les époux pour amener une séparation frauduleuse.

SECTION III. — *Dans quels cas la séparation de biens peut-elle être demandée ?*

« La femme, dit Pothier, peut former contre son mari

la demande en séparation de biens pour les mêmes causes pour lesquelles, par le droit romain, la femme pouvait demander, durant le mariage, la restitution de sa dot. »

L'art 424 de la coutume de Bretagne portait que les époux sont communs en meubles et acquêts *jusqu'à ce que le mari soit trouvé mal usant de ses biens.*

Les femmes, dit l'art. 291 de la coutume de Tours, peuvent renoncer aux meubles et acquêts du vivant de leurs maris, si lesdits maris tournent à pauvreté. Les dispositions de notre ancien droit ne faisaient que traduire les textes du droit romain ; L. 29, C. *de jure dotium* ; L. 24, D. *soluto matrimonio* ; L. 22, au même titre, et enfin la Novelle 97, chapitre VI, dont un passage « *viro inchoante male substantiâ uti,* » prouve clairement que la loi romaine n'attendait pas la consommation de la ruine du mari, pour autoriser la demande en restitution de la dot.

L'ancienne jurisprudence admettait également la séparation de biens dès que le mari tournait vers sa ruine, *cum maritus vergit ad inopiam ;* mais les causes de séparation n'avaient pas été l'objet d'une détermination précise.

Sous l'empire du code civil, l'art. 1443 reproduit l'ancien droit et décide que la séparation de biens peut être demandée lorsque la dot est en péril : « *La séparation de biens ne peut-être poursuivie qu'en justice, par la femme dont la dot est mise en péril, et lorsque le désordre des affaires du mari donne lieu de craindre que les biens de celui-ci ne soient point suffisants pour remplir les droits et reprises de la femme. — Toute séparation volontaire est nulle.*

La dot est le bien que la femme apporte au mari pour

5

supporter les charges du mariage (1540). — Sous le régime de communauté, la dot comprend non-seulement les biens de la femme qui lui restent propres, et dont la jouissance appartient à la communauté, mais aussi les biens qui sont tombés en communauté ; elle ne les a mis en commun que pour les faire fructifier, afin de subvenir d'abord à l'entretien de la famille, et de partager plus tard les bénéfices de l'association conjugale ; aussi admettons-nous qu'elle peut demander la séparation de biens lorsque le mari compromet l'actif de la communauté, peut-être la seule ressource de la famille. Ce n'est pas que pour une opération malheureuse, pour un inventaire se soldant en pertes, le mari commerçant puisse être exposé à la séparation de biens, « mais nous distinguons parfaitement, disent MM. Rodière et Pont, des pertes même très-fortes subies par le mari, quand il est en mesure de les supporter sans que son crédit soit atteint, d'un état de désordre dans ses affaires. » Si ce désordre donne lieu à des craintes sérieuses, la séparation de biens s'offre à la femme qui veut assurer l'avenir de sa famille ; autrement il faudrait dire que la loi n'accorde aucun secours à la femme dont la fortune, composée de meubles, est tombée dans la communauté, conséquence injustifiable que proscrivaient formellement les anciennes coutumes, en n'autorisant le mari à disposer des meubles de la communauté que jusqu'à ce qu'il *fut trouvé mal usant de ses biens*.

Le péril de la dot peut exister alors même que les biens du mari en garantiraient suffisamment la restitution ; d'une part, en effet, la mauvaise administration du mari peut diminuer la garantie hypothécaire de la femme, et d'autre part il est probable que les revenus seraient détournés de leur destination, les besoins de la famille, et affectés au paiement des créanciers, à raison des dettes contractées par le mari.

Qnant aux caractères de la mauvaise administration, il est difficile de les détermiuer exactement, mais on peut affirmer que la loi n'a pas voulu forcer la femme à attendre que sa dot fût tout-à-fait compromise, pour demander la séparation de biens ; il suffit que l'administration de son mari lui inspire des craintes sérieuses et bien fondées.

Ce principe admis, peut-on dire qu'il y a péril de la dot lorsque le mari, la laissant intacte comme capital, en dissipe les revenus au lieu de les employer aux besoins du ménage? La jurisprudence et la doctrine ont consacré l'affirmative ; en effet, les fruits et revenus font partie de la dot, ils sont particulièrement apportés au mari pour qu'il les emploie à satisfaire les besoins de la famille. Dès qu'il cesse de remplir ces conditions, la dot est en péril, car elle est frappée de stérilité.

En consacrant cette opiniou, la doctrine et la jurisprudence n'ont fait que suivre l'ancien droit ; voici en effet ce que nous lisons dans la très-ancienne coutume de Bretagne : « Les meubles sont, par coustume, au mary attribués, et en peut faire sa volonté, faisant providence advenante à sa femme durant le mariage entre eux jusqu'à tant que le mary soit trouvé mal usant des choses. »

Il nous paraît évident que la femme peut demander la séparation de biens, alors même qu'elle n'aurait point reçu de dot en mariage, ni aucun bien depuis. On ne peut contester qu'elle y ait un intérêt, ne fût-ce que celui de conserver sa part de la communauté, mais il est possible aussi qu'elle exerce une industrie, qu'elle possède certains talents dont elle veut conserver les produits pour les administrer elle-même dans l'intérêt de la famille, au lieu de les abandonnner à un mari prodigue ou incapable (Pothier, comm. N° 512).

Il n'est même pas nécessaire qu'elle ait à sauvegarder les produits de son travail personnel, car elle peut du jour au lendemain, recevoir des donations ou des successions qu'il importe de soustraire à l'administration du mari.

La femme qui aurait épousé un homme déjà insolvable au moment de la célébration du mariage, pourrait-elle, à raison de cette insolvabilité, demander la séparation de biens ? Nous admettons la négative à moins que la femme n'ait pas eu connaissance, au jour du mariage, de l'état désastreux des affaires de celui qu'elle allait épouser, ou que l'insolvabilité de celui-ci se soit augmentée depuis le mariage ; si ces deux conditions font défaut, la femme ne peut invoquer ni l'esprit ni le texte de l'art. 1443, et il est clair qu'elle ne peut dire que le péril de la dot est une conséquence de la mauvaise administration du mari.

Le mari ayant le pouvoir de limiter les dépenses de sa femme ne serait pas recevable, selon nous, à repousser la demande en séparation de biens, sous prétexte que le désordre de ses affaires a été occasionné par les prodigalités de sa femme.

En supposant que le contrat de mariage impose au mari l'obligation de faire emploi des sommes dotales, le défaut d'emploi serait-il une cause de séparation de biens?

Nous ne pouvons admettre une telle doctrine, parce que l'art. 1443 ne comprend pas le défaut d'emploi parmi les causes de séparation de biens ; si le mari conserve les sommes dotales, il n'y a pas péril de la dot, et par conséquent la séparation ne peut être prononcée. — On objecte les art. 1134, 1184 et 1188 ; — mais il est facile de répondre que les principes généraux posés dans ces articles ne peuvent prévaloir, dans une matière toute spéciale, sur le texte qui a été destiné par le législateur à régler l'opportunité de la séparation de biens.

Nous réservons la question de savoir si l'interdiction judiciaire ou légale du mari doit être considérée comme une cause de séparation de biens : elle trouvera sa place parmi nos positions.

Avec MM. Aubry et Rau, nous admettons que l'état de contumace du mari autorise la femme à demander la séparation de biens, et cela pour deux raisons : la première se trouve dans l'abandon volontaire que fait le mari de l'administration de la communauté et des biens personnels de la femme, la seconde dans la situation qui serait faite à la femme par l'établissement du séquestre. Nous pensons même que cette doctrine doit être admise, quel que soit le système adopté quant à l'interdiction légale : en effet il y a entre les deux situations une grande différence : la femme du contumax se trouve réduite à mendier près de l'administration des domaines des secours auxquels aucun texte de loi ne lui donne droit, et qu'elle n'est pas toujours sûre d'obtenir ni assez tôt, ni en quantité suffisante, tandis que la femme de l'interdit légalement, comme celle de l'interdit judiciairement, a le droit de se faire remettre la portion de revenus nécessaire à son entretien et à celui de ses enfants.

Supposons maintenant que la femme introduise une instance en séparation de biens après avoir échoué dans une première demande, l'exception de la chose jugée lui est-elle opposable? — Nous ne le croyons pas, pourvu que la femme allègue des faits nouveaux survenus depuis le premier jugement; car il n'y a plus alors identité de cause ; sans doute la nature du procès n'a pas changé : ce qu'on prétend, c'est enlever l'administration au mari, mais le second diffère du premier en ce qu'il a pour base de nouvelles circonstances qui n'existaient pas au moment où la femme a été déboutée ; il s'agit bien encore du péril de la dot, de l'insuffisance des biens du mari pour répondre des reprises, mais les faits constitutifs de cet état de choses ne sont plus les mêmes, « la véritable cause du procès a changé. » Nous n'admettrions pas davantage le mari à se prévaloir de ce fait que la femme a quitté le domicile conjugal, pour repousser une demande en séparation de biens ; le droit qu'a le mari de faire réintégrer à sa femme le domicile conjugal ne peut avoir aucune influence sur le droit de la femme à formuler sa demande : chacun conserve donc ses prérogatives, et nous ne croyons pas qu'on puisse argumenter contre nous de l'art. 269, qui a trait à la séparation de corps.

Enfin nous ne considérons pas comme une fin de non recevoir opposable à la femme la renonciation qu'elle aurait faite au droit de poursuivre la séparation de biens ; en effet cette faculté, quoique personnelle à la femme, est aussi établie dans l'intérêt de la famille, et l'on peut dire qu'en ce sens elle touche à l'ordre public ; en pratique d'ailleurs, si le système opposé devait prévaloir, le mari et ses créanciers ne manqueraient pas d'employer tous les moyens en leur pouvoir pour obtenir cette renonciation, et rendre complètement vaine cette ressource si légitime et si nécessaire que la loi accorde contre la mauvaise administration du mari.

En résumé donc la femme est autorisée à prévenir la perte de sa dot, mais il faut qu'elle démontre le péril, soit par la dissipation du capital, soit par le detournement des revenus, soit en prouvant que les ressources du mari vont devenir insuffisantes pour le remboursement de ses reprises. Mais il ne faudrait pas faire de la femme un censeur de son mari: « elle n'a pas le droit de l'appeler en quelque sorte en jugement devant elle, et de le condamner s'il n'a pas été assez bon économe pour remplir la recette en entier. Ce serait dégrader, ce serait avilir l'état et le pouvoir des maris, ce serait les mettre en quelque sorte sous le joug de leur femme et les réduire à la simple qualité d'intendants ou de trésoriers de leurs biens, dont on les pourrait dépouiller si on n'était pas content de leur administration. (Cochin, t. 5, p. 142). »

CHAPITRE II.

De la procédure et des formalités auxquelles sont soumises les demandes en séparation de biens.

Ce chapitre se décompose naturellement en trois sections consacrées, la première à l'examen des formalités prescrites jusqu'au jugement, la seconde à l'étude des spécialités concernant le jugement et sa publicité, la troisième aux questions d'exécution du jugement.

SECTION I. — *Des formalités auxquelles sont soumises les demandes en séparation de biens.*

Avant d'étudier les formes de la demande en séparation de biens, il est naturel de déterminer quel est le tribunal compétent pour connaître de cette demande; il nous paraît hors de doute que la compétence appartient au tribunal du domicile du mari, la femme n'en a pas d'autre, et le mari étant défendeur au procès, on doit appliquer la règle « *actor sequitur forum rei*. » Tout autre tribunal est incompétent, et alors même que le mari aurait accepté une autre juridiction, ses créanciers pourraient intervenir dans l'instance pour opposer le déclinatoire. Comment en effet permettrait-on à la femme de porter sa demande en séparation et de remplir les formes de publicité prescrites par la loi, devant un tribunal qui ne serait pas celui du mari ? Comment opposer à des créanciers qui n'auraient en aucune connaissance de la demande, et qui n'auraient pu exercer leur droit d'intervention la déchéance établie par l'art. 873 du code de procédure ? On ne pourrait employer un meilleur moyen pour rendre inutile la publicité des demandes en séparation de biens, et tromper les créanciers les plus vigilants. — Nous croyons que si une instance avait été poursuivie dans de telles conditions, les créanciers ne sauraient être déchus de leur droit de former la tierce opposition par l'expiration du délai d'un an dont parle l'art. 873.

La dénomination de séparation judiciaire implique qu'elle ne peut être volontaire ; elle doit être poursuivie en justice aux termes de l'art. 1443, et, dans l'instruction, l'aveu du mari ne fera pas preuve, alors même qu'il n'y aurait pas de créanciers (art. 870 proc.). Sans cette disposition, l'art. 1443 qui prohibe les séparations volontaires, eut été trop facilement éludé.

Ce n'était pas assez de donner à la justice seule le droit d'apprécier l'opportunité de la séparation de biens, l'intérêt des créanciers du mari réclamait des mesures rigoureuses, destinées à empêcher que la séparation ne devint pour les époux un moyen de soustraire à ces créanciers des biens qui sont leur gage aux termes du droit commun.

La demande en séparation de biens devait en conséquence être soumise à des règles spéciales, et portée à la connaissance des tiers qu'elle intéresse à un double point de vue : elle peut être, comme nous venons de le dire, un moyen frauduleux employé pour soustraire aux créanciers du mari une partie de son avoir, et de plus elle modifie la capacité et les pouvoirs des époux ; il importait donc que la loi donnât à la demande une grande publicité.

Cette nécessité avait été comprise dans l'ancien droit : un arrêt du parlement de Rouen, rendu le 30 Août 1555 ordonnait : 1° qu'on publiât à haute voix dans les places et marchés les lettres de séparation que la femme devait obtenir en chancellerie ; 2° que le mari et la femme remissent au procureur du roi l'indication des noms, prénoms et résidences de leurs créanciers, pour qu'ils fussent appelés en l'instance, afin de constater l'antérinement des lettres ; 3° enfin, que les époux remissent au greffe un état détaillé de leurs meubles. Si les créanciers et le mari convenaient des faits de dissipation articulés par la femme, la séparation pouvait être valablement prononcée.

Le législateur de 1804 s'est bien gardé d'abandonner d'aussi sages mesures, et il a prescrit, dans l'art. 1445, la publicité des demandes en séparation. Le Conseil d'État, dans sa séance du 13 vendémiaire an XII (Locré, lég. Civ. t. XIII, p. 199) décida que les formes de publicité seraient réglementées par le Code de procédure civile ; aussi est-il essentiel de rapprocher le titre du Code de procédure consacré à cette matière des dispositions du Code Napoléon.

Quoique la demande en séparation de biens ne présente pas les mêmes caractères que la séparation de corps, elle

est pourtant de nature à jeter le trouble dans la famille ;
en effet, elle dévoile d'abord le mauvais état des affaires
du mari, qu'il importe de cacher, et de plus il arrive
souvent que le mari se montre très-sensible à cette prétention de la femme, qui veut restreindre ses pouvoirs.
Il importait donc de soumettre la femme à une règle
telle qu'elle conservât son entière liberté d'action, tout
en se voyant forcée de recevoir des conseils aussi sages
que désintéressés ; c'est dans ce but que la loi l'oblige à
demander une permission préalable au président, qui lui
présentera toutes les observations qu'il jugera convena-
bles. (865 proc.)

Les termes de l'art. 865 du Code de procédure ne permettent pas de douter qu'une demande en séparation de
biens introduite directement par ajournement ne soit
frappée de nullité ; mais il est également incontestable
que le président doit se borner à présenter ses observations, et qu'il est obligé d'accorder son autorisation, si,
malgré ses avis, la femme persiste dans sa volonté.

Étant donné ce droit du président, il serait naturel
que la femme présentât elle-même sa requête ; mais en
pratique elle s'en remet de ce soin à son avoué, ce qui
rend inutiles les observations du président.

Dans l'ancienne jurisprudence, le juge qui donnait à
une femme mineure l'autorisation de plaider en séparation
de biens, lui nommait un curateur sous l'autorité duquel
elle devait procéder. D'ordinaire, ce curateur était un
procureur (ce que nous appellerions aujourd'hui un avoué).
Les poursuites étaient nulles si la nomination de ce
curateur avait été omise. Aujourd'hui la seule autorisation
du président suffit pour habiliter la femme, même mineure, à plaider en séparation de biens.

Une fois l'autorisation obtenue, la demande est formée par exploit d'ajournement sans préliminaire de conciliation (art. 49, pr. N° 7).

La publicité de la demande en séparation de biens est organisée dans les art. 1445 du code civil, 866, 867, 868, 869, du code de proc. civ. elle consiste dans les mesures suivantes : un extrait de la demande doit être affiché ; 1° dans l'auditoire du tribunal civil, 2° dans l'auditoire du tribunal de commerce, même lorsque le mari n'est pas commerçant (art. 867 proc.) ; dans les chambres d'avoués de première instance et dans celles de notaires ; 4° dans un des journaux de la localité. — Pour compléter cette publicité et la rendre plus efficace, l'art. 869 du code de procédure défend de prononcer aucun jugement avant qu'il se soit écoulé un mois depuis l'observation de ces formalités,

Cette grande publicité s'explique par les motifs généraux que nous avons exposés, et de plus par deux raisons tirées de la loi elle même : c'est d'abord le droit qu'ont les créanciers d'intervenir et de contredire à la demande, droit qui leur est accordé par l'art. 871 du code de procédure ; la loi veut qu'ils soient avertis de la demande, et qu'ils aient le temps d'intervenir, s'ils le jugent convenable. — La seconde raison se trouve dans l'art. 1445, aux termes duquel le jugement qui prononce la séparation de biens remonte, quant à ses effets, au jour de la demande; il sera très-utile aux tiers de connaître ce jour, et de savoir qu'à dater de cette époque le mari est menacé d'être dessaisi d'une partie de ses pouvoirs.

Les formalités prescrites pour la demande en séparation de biens doivent être accomplies sous peine de nullité, aux termes de l'art. 869 ; cette peine serait-elle encourue si l'avoué n'avait pas fait la remise de l'extrait au greffe du tribunal civil dans les trois jours de la demande, comme l'exige l'art. 866 ? — Des auteurs soutiennent la négative en disant qu'omettre une formalité ou laisser s'écouler, avant de l'accomplir, le délai prescrit, sont deux négligences bien différentes quant à la gravité : autre chose est la formalité elle-même, autre chose le délai dans lequel elle doit être observée. — Mais nous croyons avec les partisans de l'affirmative, qu'en imposant un délai pour l'accomplissement de certains actes de procédure, la loi considère ces actes comme incomplets si le délai n'est pas observé, c'est-à-dire qu'ils font corps avec la formalité elle-même : « Les formalités, dit Ferrière, sont des conditions dont les actes doivent être revêtus pour rendre un acte parfait ou une procédure régulière. » Le doute disparaît d'ailleurs complètement en présence de l'art. 1445, car si l'effet de la séparation de biens remonte au jour de la demande, il importe que les tiers soient avertis le plus tôt possible de l'instance. On a bien proposé de faire rétroagir le jugement aux trois jours qui auraient précédé l'insertion, mais c'est ouvrir la voie à l'arbitraire, et il n'est pas permis de violer un texte aussi formel que l'art. 869.

L'art. 869 dispose encore que la nullité résultant de l'inobservation des formalités ne pourra être invoquée que par le mari ou par ses creanciers. Cette mesure est très-juste, car la femme ne doit pas se prévaloir de la faute, peut-être volontaire, de son représentant. — Dans l'ancien droit, on avertissait les créanciers du mari afin qu'ils pussent intervenir et contester la demande en séparation de biens, le législateur moderne s'est aussi préoccupé de leurs intérêts; l'art. 1447 du code civil pose le principe, et l'art. 871 du code de procédure complète cette disposition; il porte que « les créanciers du mari pourront, jusqu'au jugement définitif, sommer l'avoué de la femme, par acte d'avoué à avoué, de leur communiquer la demande en séparation et les pièces justificatives, même intervenir pour la conservation de leurs droits, sans préliminaires de conciliation.

Par une interprétation trop étroite de la coutume d'Orléans (art. 198), on était arrivé, dans notre ancienne législation, à prescrire aux juges une enquête, afin de déjouer les fraudes des époux qui se seraient concertés pour obtenir la séparation de biens; mais il suffit de lire la disposition qui avait donné lieu à cet usage pour le condamner : » les séparations de biens d'entre homme et femme conjoints par mariage se doivent faire avec connaissance de cause, dit l'art. 198, et *information* préalablement faite par les juges des lieux ou demeureront ceux qui requerront lesdites séparations. »

Pothier interprétait déjà plus largement ce mot information : Ce terme *information*, dit-il, se prend pour enquête, et même, dans un sens encore plus large, pour toutes sortes de genres de preuves par lesquelles le juge puisse être informé et certifié de la vérité des faits qui donnent lieu à la séparation : car, comme nous le verrons ci-après, il n'est pas toujours nécessaire pour cela d'entendre des témoins, la preuve pouvant souvent s'en faire par des pièces beaucoup mieux que par des témoins. » Il arrive souvent en effet que les pièces produites par la femme sont suffisantes pour établir le mauvais état des affaires du mari, le péril de la dot, et par suite la nécessité d'une séparation. L'enquête n'est donc pas indispensable dans tous les cas comme le prétendaient d'anciens auteurs, dont l'opinion, condamnée déjà par deux arrêts des parlements de Dijon et de Metz (3 janvier 1670 et 7 mai 1791) n'a pas été adoptée par notre Code. — Cependant en l'absence de contestation de la part des créanciers du mari, l'aveu de ce dernier ne suffit pas pour faire admettre la demande, c'est ce que nous avons vu avec l'art. 870.

SECTION II. — *Du jugement qui prononce la séparation de biens et de sa publicité.*

Dans l'ancien droit, le jugement qui prononçait la séparation de biens recevait une publicité non moins grande que la demande : « Il faut, disait Lebrun, quelque chose qui divulgue la séparation, qui l'apprenne à tout le monde, sans quoi c'est un piége tendu au public. (Comm. Liv. 3. — Chap. 1er, No 10).—L'art. 198 de la coutume d'Orléans prescrivait « de publier la sentence en jugement, à jour ordinaire, le juge séant. »

En Normandie l'arrêt de réglement du 30 août 1555, en Bourgogne, l'art. 143 de l'ordonnance de 1629, qui y faisait loi, et les coutumes de Dunois et de Sedan, donnaient à la sentence une certaine publicité; enfin l'insinuation suppléait ces mesures dans la plupart des autres pays, car la sentence était paralysée aussi longtemps que cette formalité n'était pas remplie. La loi du 5 novembre 1790 ayant aboli l'insinuation, le législateur suivit la voie tracée par les coutumes et organisa dans les art. 1445 du code civil et 872 du code de procédure la publicité du jugement que prononce la séparation de biens. Cette publicité a un double but: elle avertit les créanciers qui ne se seraient pas trouvés en mesure d'intervenir et qui ont intérêt à se pourvoir, en même temps qu'elle annonce aux tiers non créanciers la déchéance dont le mari a été frappé. En renvoyant à l'art. 1445 du Code civil, l'art. 872 du Code de procédure a eu en vue la nullité de l'exécution édictée par cette disposition pour le cas où l'exécution n'a pas été précédée des affiches voulues, en même temps que la rétroactivité du jugement au jour de la demande.

De graves difficultés se sont élevées au sujet de l'art. 872, et d'abord à propos de ces expressions : *au tribunal de commerce du lieu, s'il y en a.* Cela veut-il dire que la lecture du jugement ne doit pas être faite au tribunal de commerce lorsqu'il n'est pas au lieu du domicile du mari ? ou bien ce membre de phrase suppose-t-il que la lecture sera faite au tribunal de commerce dans le ressort duquel le mari à son domicile, ne permettant d'omettre cette lecture que dans le cas d'impossibilité absolue, c'est-à-dire lorsqu'il n'y a pas de tribunal de commerce dans le ressort ?

En général les expressions *juge du lieu, tribunal du lieu*, désignent le juge du ressort, on peut s'en convaincre par la lecture des articles 554 et 606 du code de procédure, et nous n'avons aucune raison de donner aux mêmes expressions, employées dans l'art. 872, un sens plus restreint que celui qui leur est donné dans les art. 554 et 606. L'intérêt que les tiers peuvent avoir à connaître la séparation de biens est d'ailleurs absolument le même, soit que le mari ait son domicile au lieu des séances du tribunal, soit qu'il l'ait dans tout autre endroit; dans le second cas comme dans le premier il importe beaucoup à ceux qui voudraient contracter avec lui de connaître le jugement qui l'a frappé.

Lorsque la lecture a été faite au tribunal de commerce, nous ne pensons pas que le tribunal doive en donner acte, il suffit que le greffier certifie au bas du jugement, ou par une déclaration séparée, que la lecture prescrite par la loi a été faite.

En comparant l'art. 1445 du Code civil avec l'art. 872 du Code de procédure, on voit que cette dernière disposition a étendu à la séparation obtenue par la femme d'un non commerçant l'obligation d'insérer l'extrait du jugement au tableau placé dans l'auditoire du tribunal de commerce : « Il a paru juste, disait le rapporteur (Mouricault), de rendre générales les formalités qui ne s'observaient que pour les séparations des femmes des commerçants. » Quelques auteurs hésitent à admettre que cette formalité soit prescrite à peine de nullité de l'exécution : sans doute les nullités ne peuvent être suppléées, mais l'intention du législateur se révèle dans les paroles du tribun Mouricault : elles nous autorisent à affirmer que la loi exige la formalité dont il s'agit avec la même rigueur, que le mari soit ou non commerçant. En défendant d'ailleurs à la femme de commencer l'exécution du jugement avant que les formalités prescrites aient été remplies, le législateur semble bien avoir frappé de nullité ce commencement d'exécution effectué avant les formalités. Ces arguments sont encore appuyés par l'observation suivante : le législateur a placé sur la même ligne les deux publications à faire, l'une au tribunal de commerce, et l'autre au tribunal civil ; il les a donc considérées comme également essentielles, et les derniers mots de l'article ne laissent aucun doute, puisqu'il s'approprie la sanction de l'art. 1445 par ces expressions : « le tout sans préjudice des dispositions portées en l'art. 1445 du code civil. »

La difficulté soulevée par rapport à la lecture du juge-

ment au tribunal de commerce s'est renouvelée au sujet
de l'affiche de ce jugement dans l'auditoire du même
tribunal. La loi dit en effet : « et s'il n'y a pas de tribunal de commerce, l'affiche sera posée dans la principale
salle de la maison commune du domicile du mari. » On
se demande s'il faut recourir à ce dernier moyen de publicité lorsque le tribunal de commerce ne siége pas dans la
commune même où le mari est domicilié, ou seulement
lorsque le tribunal civil fait les fonctions du tribunal de
commerce, parce que cette juridiction particulière n'existe
pas dans l'arrondissement. — Nous sommes porté à croire
que la loi a envisagé ce dernier cas ; et d'abord remarquons la bizarerie d'un système qui imposerait la lecture
du jugement de séparation à l'audience du tribunal de
commerce, et qui négligerait une mesure de publicité
bien plus efficace, l'affiche du jugement dans l'auditoire
du même tribunal ; il est certain d'ailleurs que l'art. 1445
prescrivait cette formalité, lorsque le mari était commerçant, toutes les fois qu'elle était possible, c'est-à-dire
lorsqu'il y avait dans le ressort un tribunal de commerce,
or, l'art. 872 a eu pour but d'augmenter la publicité, et
non de la restreindre, et ce serait la restreindre que
d'afficher le jugement au domicile du mari, fut-ce même
à la maison commune, plutôt que dans l'auditoire du
tribunal de commerce. Enfin s'il est incontestable que ces
mots, *tribunal de première instance du domicile du mari,*
désignent le tribunal civil dans le ressort duquel le mari
est domicilié, il est également incontestable que ces mots,
tribunal de commerce du domicile du mari, compris dans
la même disposition, ont une signification identique. Le
sens que nous donnons à l'art. 872 ressort plus clairement
encore si l'on se reporte aux articles 901 et 903 relatifs à

6

la cession de biens, avec lesquels l'art. 872 a la plus grande analogie.

Enfin la même question s'est encore élevée à propos de l'insertion de l'extrait de la demande au tableau exposé dans la chambre des avoués et des notaires. — Il doit y avoir au chef-lieu judiciaire de chaque arrondissement une Chambre des avoués et des notaires, et l'on se demande si l'insertion dont il s'agit se fera seulement lorsque le domicile du mari se trouve au chef-lieu judiciaire, ou si elle doit avoir lieu dans tous les cas. Les mots *s'il y en a* ne viseraient alors que l'hypothèse très-rare où les chambres d'avoués et de notaires n'auraient pas de local fixe pour se réunir. Remarquons d'abord que M. Chauveau sur Carré est inconséquent en admettant que l'affiche doit être apposée au tribunal de commerce qui ne se trouve pas au domicile du mari, tandis qu'il repousse ici l'insertion de l'extrait lorsqu'il n'y a pas de chambre des avoués et des notaires au même domicile ; nous aimons mieux croire que les mots *s'il y en a* se réfèrent au cas particulier où l'arrêté du 2 nivôse de l'an XII, art. 16, n'aurait pas été observé, c'est-à-dire à l'hypothèse où la chambre des avoués et des notaires n'aurait pas de local fixe pour se réunir. Il arrive souvent, en effet, que certaines dispositions réglementaires ne sont pas observées, et dans tous les cas il vaudrait mieux prendre pour une inadvertance de langage les mots qui font l'objet de cette controverse, que de les interpréter dans le sens de M. Chauveau, car il fait commettre au législateur une inconséquence que rien ne justifie, puisqu'en fait l'avoué qui aura poursuivi la séparation de biens répondra facilement au vœu de la loi en faisant placer l'extrait du jugement dans la chambre des avoués

des notaires. La question ne nous paraît plus douteuse
epuis la décision du garde des sceaux du 16 juillet 1823,
tée par Dalloz (Dict. V° notaire, N° 298), et dans
quelle il est dit, conformément à l'opinion que nous
nons de développer, que les contrats de mariage des
oux dont l'un est commerçant doivent toujours être
fichés par extrait aux chambres des avoués et des
otaires, bien que l'art. 67 du Code de commerce, qui
escrit cette affiche, renvoie simplement à l'art. 872 du
ode de procédure.

Quand le mari a changé de domicile depuis la demande
séparation, il suffit rigoureusement de remplir les
rmes de publicité dans le lieu ou siège le tribunal qui a
ononcé la séparation; la loi n'exige rien de plus, et il
t de principe que les procédures doivent être menées à
devant le tribunal où elles ont été régulièrement
mmencées, quels que soient les changements survenus
ns la position des parties. On peut d'ailleurs, pour le
ouver, tirer un argument d'analogie des art. 874 du
de de proc., d'après lequel la renonciation de la femme
la communauté doit se faire au greffe du tribunal saisi
la demande en séparation, et 92 du tarif qui passe un
oit à l'avoué pour faire insérer l'extrait du jugement
ns les tableaux où a été inséré l'extrait de la demande.
algré l'intérêt qu'ils ont à connaître le jugement de
paration, les tiers ne seraient pas fondés à se plaindre
ce que ces formalités n'auraient pas été remplies au
uveau domicile du mari, car le fait de n'avoir pas
nnu, avant de contracter avec lui, l'incapacité dont il
nait d'être frappé, constitue de leur part une faute,
isqu'ils pouvaient prendre des renseignements à son
cien domicile. — L'art. 92 du tarif, que nous venons

de citer, prouve que l'avoué doit faire insérer dans un journal l'extrait du jugement comme celui de la demande, mais il semble bien que l'omission de cette formalité ne saurait être une cause de nullité de l'exécution (Dall. 1834 — 2 — 33), car cette insertion n'est pas prescrite par la loi, de sorte que l'avoué, en la négligeant, ne s'expose qu'à perdre les frais de vacation accordés par l'art. 92 pour l'insertion du jugement dans les tableaux désignés et dans un journal. Pourtant il est d'usage de faire l'insertion de l'extrait du jugement dans le journal où a été inséré l'extrait de la demande. Le tarif a voulu réparer un oubli du Code de procédure, et d'ailleurs il est évident que la publicité du jugement est au moins aussi nécessaire que celle de la demande en séparation.

Il faut que les formalités relatives à la publication du jugement soient remplies avant l'expiration du délai de quinzaine à dater de sa prononciation, car d'une part l'art. 872 proc. interdit à la femme de commencer l'exécution du jugement avant d'avoir rempli les formes de publication, et d'autre part l'art. 1444 exige que la séparation prononcée soit exécutée, ou du moins suivie d'un commencement d'exécution dans la quinzaine.

SECTION III. — *De l'exécution du jugement de séparation de biens et du recours particulier auquel il est soumis.*

Le jugement ou l'arrêt, accompagné des formalités prescrites par l'art. 872, ne suffit pas pour opérer définivement la séparation de biens ; il faut que la décision du tribunal ou de la cour soit exécutée dans un délai très-bref que l'art. 1444 du Code civil fixe en ces termes : « La

paration de biens, quoique prononcée en justice, est nulle
elle n'a point été exécutée par le paiement réel des
oits et reprises de la femme, effectué par acte authen-
que, jusqu'à concurrence des biens du mari, ou au moins
r des poursuites commencées dans la quinzaine qui a
ivi le jugement, et non interrompues depuis. » La loi
nse avec raison que la femme s'empressera d'exécuter
jugement si la dot est réellement en péril, et elle
ésume que le péril de la dot n'était pas sérieux et que la
paration de biens a été concertée entre les époux pour
uder les créanciers du mari, lorsque la femme néglige le
cours qui lui a été accordé par la justice. — L'ancienne
risprudence connaissait déjà cette fraude, aussi regardait
e les séparations de biens comme peu favorables, ce qui
sait dire à Bourjon « qu'elles sont presque toujours des
ouvantails dont les débiteurs injustes se servent pour
arter leurs créanciers et mettre leurs meubles à couvert
la poursuite de ces derniers. »

D'après les coutumes de Paris et d'Orléans (art. 224 et
8) et les arrêtés de Lamoignon (art. 82), la séparation
biens dûment publiée devait en outre être exécutée
ns fraude, autrement elle ne produisait aucun effet, et,
oiqu'aucun délai ne fût prescrit, il ne faudrait pas en
nclure qu'on eût trente ans pour donner suite au juge-
ent : « Exécutée sans fraude, dit Pothier, c'est-à-dire
il faut qu'en exécution de la sentence de séparation, le
ari ait restitué à sa femme sa dot, ou du moins qu'elle
fait des poursuites pour se la faire rendre et qu'elle ne
ait pas abandonnées. » Il ressort de ce passage que le
gement devait recevoir son exécution, à peine de nullité,
ns un délai raisonnable, et tel que la femme ne put
e présumée avoir renoncé au bénéfice de la séparation.

Aujourd'hui, cn règle générale, celui qui a obtenu un jugement a trente ans pour l'exécuter, sauf l'exception apportée par l'art. 156 du code de procédure civile pour les jugements par défaut rendus contre une partie qui n'a pas constitué avoué ; ces jugements doivent être exécutés dans les six mois de leur obtention, sous peine d'être réputés non avenus.

Quant au jugement qui prononce la séparation de biens, l'art. 1444 est encore plus restrictif : il limite à 15 jours le délai dans lequel ce jugement doit être exécuté. Ce délai de quinzaine commence à courir du jour de la prononciation, et non du jour de la signification du jugement, il ne doit pas être permis à la femme d'ajourner indéfiniment les poursuites en retardant à son gré la signification.

La femme mariée sous le régime de communauté doit également commencer l'exécution dans la quinzaine, sans attendre les trois mois et quarante jours qui lui sont accordés pour faire inventaire et délibérer ; cependant comme il y a une contradiction apparente entre l'art. 1444 du code civil et l'art. 174 du code de procédure, il est utile de déterminer comment la femme commune séparée peut jouir des délais de l'art. 174 proc., et être en même temps obligée d'exécuter le jugement dans la quinzaine aux termes de l'art. 1444 du code civil. On dit que l'exécution à faire par la femme dans la quinzaine du jugement portera sur les droits et reprises qu'elle pourrait exercer même en cas de renonciation à la communauté ; relativement à son droit d'option, le bénéfice de l'art. 174 ne lui est pas enlevé. — Ce moyen suffira dans la plupart des cas, mais que décider si la femme n'est créancière ni du mari, ni de la communauté? Comment la femme fera-t-elle son exécution dans la quinzaine? Attendra-telle la fin des délais qui lui sont accordés pour faire inventaire et délibérer? — Elle ne le peut pas, selon nous, et nous croyons que, tout en conservant le bénéfice de l'art. 174 proc. elle devra satisfaire à l'art. 1444 du code civil en faisant, dans la quinzaine, un acte d'exécution.

La difficulté se résume alors dans la question suivante : quels sont les actes qui, sans compromettre le droit d'option de la femme, devront être considérés comme constituant ce commencement d'exécution qui doit intervenir dans la quinzaine du jugement? — La jurisprudence considère comme acte d'exécution, aux termes de l'art. 1444, le simple commandement, fait par la femme au mari, de payer les frais et dépens du procès; la Cour de cassation a même été plus loin : dans un arrêt du 9 juillet 1828 elle a admis comme valant commencement d'exécution, dans les termes de l'art. 1444, la simple signification du jugement de séparation de biens; c'est là une doctrine inexacte, car si la signification doit nécessairement précéder l'exécution du jugement, elle ne constitue pas par elle-même un acte d'exécution. Nous en trouvons la preuve dans l'art. 155 proc. qui, en exigeant un intervalle de huit jours entre la signification et l'exécution d'un jugement par défaut, établit clairement que ce sont là deux choses tout à fait distinctes.

Les poursuites commencées dans la quinzaine de la prononciation du jugement ne suffisent pas, il faut qu'elles ne soient pas interrompues, autrement on ne saurait les regarder comme sérieuses; mais il est impossible de déterminer exactement ce qui constitue l'interruption, c'est aux magistrats qu'il appartient d'apprécier.

Un arrêt de la cour de Caen, du 2 décembre 1851 a

décidé qu'un intervalle de trois ans et demi pouvait, à raison des circonstances, ne pas être considéré comme une interruption de poursuites ; c'était aller bien loin, puisque la loi n'exige pas plus de trois ans pour la péremption d'une instance (397 proc.)

Lorsque la séparation de biens est une conséquence de la séparation de corps, le retard apporté par la femme à faire exécuter le jugement ne saurait être une cause de nullité; car en pareil cas la collusion au préjudice des tiers n'est pas présumable, ce n'est pas l'intérêt pécuniaire qui a été le mobile de la femme dans l'action qu'elle a exercée.

Si les séparations volontaires sont prohibées, il n'en est pas de même de l'exécution amiable qui suit le jugement de séparation, pourvu qu'elle réunisse d'ailleurs les conditions prescrites par l'art 1444. M. Troplong pense qu'on peut assimiler l'acte sous seing privé enregistré à l'acte authentique : « C'est bien faire quelque violence à la lettre de l'art. 1444, dit-il; mais cependant quelle injustice n'y aurait-il pas à rendre la femme victime d'un défaut de formalité insignifiant lorsque tout a été sérieux et sincère dans sa conduite et dans ses actes. » L'aveu de M. Troplong nous dicte la solution à adopter dans cette question; il nous paraît impossible de soustraire la femme aux prescriptions formelles de la loi, qui exige un acte authentique.

La sanction de l'art. 1444 est la nullité du jugement et de toute la procédure qui a amené ce jugement.

Qui peut invoquer la nullité édictée par l'art 1444 ? — Tous les intéressés le peuvent. Cette nullité ayant été écrite principalement dans l'intérêt des créanciers du mari, il est évident qu'ils peuvent l'invoquer, mais n'y a-t-il aucune distinction à faire ? — MM. Rodière et Pont estiment que le droit d'invoquer la nullité appartien indistinctement à tous les intéressés.

Nous préférons l'opinion de M. Troplong : « Quand l'exécution, dit-il, à lieu effectivement, quoique tardivement, quand les créanciers ont traité avec le mari ou avec la femme sous l'empire de cette séparation publiquement exécutée, on peut dire qu'en ce qui les concerne, la séparation a été exécutée sans fraude, comme disaient les anciennes coutumes. »

Nous en dirions autant des créanciers antérieurs qui ont concouru aux actes d'exécution tardive. (Douai, 19 Août 1840).

Quoique la nullité édictée par l'art. 1444, l'ait été surtout dans l'intérêt des créanciers du mari, elle n'a pas été écrite dans leur intérêt exclusif. La position du mari serait intolérable si, après le changement que lui a fait subir la séparation, elle demeurait indéfiniment incertaine. On peut donc dire que la femme, quand elle néglige de faire exécuter le jugement par elle obtenu, renonce au bénéfice de ce jugement, aussi bien à l'égard du mari qu'à l'égard des créanciers de celui-ci ; la loi d'ailleurs ne distingue pas, et le mari n'est pas obligé d'invoquer, pour triompher, sa propre collusion ; il alléguera que sa femme s'est repentie. Quant à la femme, la question est plus délicate, et MM. Aubry et Rau avaient d'abord pensé, qu'elle ne devait pas être admise à se prévaloir de sa propre négligence. « Mais après nouvel examen de la question, disent ces auteurs, nous avons reconnu que cette considération n'est pas décisive. Il serait peu rationel, tout en accordant au mari la faculté de faire valoir la nullité de la séparation, de dénier à la femme cette même faculté. Par cela même que le mari n'a pas volontairement exécuté le jugement de séparation, dont la femme a, de son côté, négligé de poursuivre l'exécution, on doit considérer les deux époux comme ayant respectivement renoncé l'un à l'égard de l'autre aux effets de ce jugement. En second lieu il serait difficile d'assigner à la nullité prononcée par l'art. 1444 d'autres motifs que le défaut de sincérité ou de nécessité réelle de la séparation de biens qui n'a pas été suivie d'une exécution immédiate. »

La loi présume qu'une pareille séparation a été concertée entre les époux, pour parer à des embarras momentanés ; et à ce point de vue encore la position de la femme doit être la même que celle du mari, d'autant plus qu'elle n'agit le plus souvent que sous l'inspiration et la direction de ce dernier. »

Cette nullité peut-être invoquée pendant trente ans ; on a bien proposé le délai de dix ans, mais ce système ne nous parait pas admissible, parce que l'art. 1304 n'est relatif qu'aux demandes en rescision ou en nullité des conventions. Remarquons que la nullité résultant du défaut d'exécution peut se couvrir par la renonciation expresse ou tacite de parties intéressées à la proposer (*Gaz. des trib.* 4 juillet 1860).

Il nous reste maintenant à étudier le droit qu'ont les créanciers du mari d'attaquer, soit le jugement même qui a prononcé la séparation de biens, soit la liquidation qui a été faite en exécution de ce jugement. C'est l'art. 1447 qui règle l'exercice de ce droit, mais il est complété par l'art. 873 du code de procédure. Quand toutes les conditions de régularité de la procédure, de publicité et d'exécution du jugement ont été remplies, il est juste que les créanciers se hâtent de formuler leurs griefs, et qu'ils ne puissent mettre en question, après plusieurs années, une séparation de biens consommée régulièrement ; le système de publicité édicté par la loi et l'autorisation qui leur est accordée d'intervenir dans l'instance justifient complètement la limitation apportée à leur droit par l'art. 873 du code de procédure.

Il importe de faire observer que le droit des créanciers est double, ils peuvent : 1° attaquer le jugement par la tierce opposition, 2° attaquer par l'action Paulienne la liquidation frauduleuse qui aurait eu lieu en exécution de ce jugement (1167).

Quant au droit d'attaquer le jugement par la tierce opposition, la loi en limite l'exercice au délai d'un an lorsque toutes les formes de publicité requises par l'art. 872 ont été observées ; mais il y a controverse sur sur le point de savoir dans quel délai on peut attaquer l'acte de liquidation fait en exécution du jugement. Des auteurs prétendent que, même en ce cas le délai de l'art. 873 est applicable ; nous ne le pensons pas. Il y a lieu de distinguer deux hypothèses dans lesquelles l'action Paulienne pourra se produire : le plus souvent les parties sont renvoyées par le jugement devant un notaire chargé de liquider les droits respectifs des époux, mais il peut se faire que le jugement opère lui-même la liquidation, ce qui arrivera très-rarement. Nous croyons que dans l'une comme dans l'autre hypothèse les créanciers jouissent, pour attaquer la liquidation, d'un délai de trente ans, conformément au droit commun (art. 2262).

Cette solution ne peut guère soulever d'objection dans le premier cas, puisque les créanciers attaquent la liquidation, et non le jugement, ils sont en dehors des termes de l'art. 873, qui limite au délai d'un an le droit de se pourvoir contre le *jugement de séparation de biens*. L'exercice de l'action Paulienne dont il s'agit ici doit donc être réglé par le droit commun (2262-1167).

On conçoit plutôt le doute en présence de la seconde hypothèse, c'est-à-dire lorsque le jugement lui-même porte liquidation des droits respectifs des époux. La Cour de cassation avait d'abord admis que, dans ce cas, c'était bien le jugement de séparation de biens que les créanciers attaquaient, et qu'en conséquence l'art. 873 devait recevoir son application ; mais elle est revenue sur cette décision. L'art. 873 en effet ne déclare les créanciers déchus, après l'année, que relativement *au jugement de séparation;* or, en tenant compte de ce principe que *les déchéances sont de droit étroit*, il est impossible de ne pas limiter, ces expressions *le jugement de séparation* au cas prévu par le législateur, c'est-à-dire *au jugement qui déclare les époux séparés.* En fait ce retour au droit commun se comprend très-bien si l'on songe que la nécessité d'attaquer la liquidation peut n'apparaître qu'après l'année qui suit le jugement, par exemple dans le cas où l'ordre n'aurait pas été ouvert avant cette époque sur les biens du mari.

L'art. 1444 est inapplicable à la séparation de biens résultant de la séparation de corps, et le jugement de séparation de corps ne laisse pas de produire ses effets relativement à la séparation de biens, quoiqu'il n'ait pas été exécuté en ce dernier point dans la quinzaine de sa prononciation. Mais quant aux mesures de publicité, l'art. 880 proc. dispose qu'elles seront les mêmes pour la séparation de corps que pour la séparation de biens : « Extrait du jugement qui prononcera la séparation de corps sera inséré aux tableaux exposés tant dans l'auditoire des tribunaux que dans les chambres des avoués et notaires, ainsi qu'il est dit art. 872. »

CHAPITRE III.

Des effets de la séparation de biens.

Dans une première section nous traiterons des effets généraux de la séparation de biens ; la seconde section sera consacrée aux effets de la séparation de biens intervenant dans le régime dotal, dans la troisième nous étudierons les conséquences de la séparation relativement aux gains de survie.

SECTION I. — *Effets généraux de la séparation de biens.*

Ces effets peuvent se ramener aux questions suivantes, que nous nous proposons de résoudre successivement :

1° A quelle époque les droits de la femme doivent-ils être réglés ?

2° Dans quelle proportion la femme séparée doit-elle contribuer aux dépenses du ménage ?

3° Quels sont les pouvoirs de la femme après la séparation de biens ? — A propos de cette question, nous déterminerons quelle est la capacité de la femme quant aux actes d'administration, quant aux actes d'aliénation et d'acquisition, quant aux obligations personnelles, et enfin quant aux procès.

§ I. — *A quelle époque les droits de la femme doivent-ils être réglés ?*

L'art. 1445 porte : « Le jugement de séparation de biens remonte quant à ses effets au jour de la demande. » Il faut donc, pour régler les intérêts de la femme, se placer à cette époque. Mais pourquoi la loi s'est-elle formellement expliquée sur la rétroactivité du jugement de séparation de biens ? Est-ce que tout jugement n'est pas rétroactif ? Le principe de la rétroactivité, quoique commun à tous les jugements, n'eut pas été applicable à la séparation de biens si la loi ne l'eût pas dit expressément En effet les jugements sont rétroactifs parce qu'ils sont déclaratifs de droits préexistants, et en second lieu parce que le demandeur ne doit pas souffrir de l'injuste résistance du défendeur : l'équité veut qu'il obtienne par le jugement tout ce qu'il eût obtenu si le jugement eût été rendu le jour même de la demande. Or dans la séparation nous ne trouvons aucu de ces motifs ; au contraire, le jugement établit un ordre de choses nouveau, et la résistance du mari, loin d'être injuste, est commandée par la loi ; c'est donc avec raison que l'art. 1444 a consacré formellement la rétroactivité du jugement de séparation ; c'était d'ailleurs le seul moyen d'assurer à la femme la protection qu'elle cherche dans la séparation de biens ; on empêche ainsi le mari d'achever la ruine de la communauté dans l'intervalle de la demande au jugement.

Mais quel est le jour de la demande? est-ce l'époque à laquelle le président du tribunal a reçu la requête, comme il est dit dans l'art. 865? — Est-ce le jour ou l'assignation est donnée au mari? — La question ne nous paraît pas douteuse : la requête ne peut être pour le mari le point de départ d'obligations aussi importantes ; d'un côté le projet de la femme n'est pas encore bien arrêté, et peut-être va-t-elle l'abandonner sur les observations du président ; d'autre part il serait injuste de faire remonter la demande à une époque que le mari peut très-bien ignorer, et qu'il a le plus grand intérêt à connaître.

La retroactivité attachée par la loi au jugement de séparation de biens principal est-elle applicable à la séparation de biens résultant d'une séparation de corps? — Trois opinions se sont formées sur cette question : l'une applique simplement l'art. 1445 à la séparation de biens accessoire ; cette opinion, adoptée d'abord par la Cour de cassation, a été rejetée depuis (Dall. 1845. — 1. — 267.)

Le second système consiste à dire que la disposition de l'art. 1445 est étrangère à la séparation de corps dont les effets ne doivent pas remonter au delà du jugement.

Enfin, le troisième systéme distingue : il y a rétroactivité, dit-on, entre les époux, mais à l'égard des tiers le jugement ne produit d'effets qu'à sa date (Dalloz. 1869. — 1. — 270 — : 1872. — 1. — 49).

Malgré l'autorité de la jurisprudence, nous admettons la négative sans distinction : l'art. 1445 ne vise que la séparation de biens, et pour l'appliquer à la séparation de corps, il faut que l'analogie soit complète ; or elle n'existe pas à plusieurs points de vue ; quant à la publicité d'abord, la loi ne la prescrit pas pour la demande en séparation de corps comme pour la demande en séparation de biens, c'est donc que le jugement de séparation de corps ne doit pas rétroagir à l'égard des tiers, autrement la loi eût ordonné des mesures de publicité. Les art. 270 et 271 établissent implicitement que la dissolution de la communauté résultant du divorce ne datait que du jour du jugement, puisque le premier donne à la femme le droit de prendre des mesures conservatoires, et que le second l'autorise à faire annuler les actes faits en fraude de ses droits dans le cours de l'instance. Ce qui était vrai du divorce est vrai de la séparation de corps, qui produit aussi par voie de conséquence la dissolution de la communauté, et si la séparation de corps n'a pas d'effet rétroactif quand les époux sont mariés sous le régime de la communauté, on ne voit pas pourquoi elle produirait cet effet quand ils sont mariés sous tout autre régime. Remarquons enfin que si la loi fait rétroagir le jugement de séparation de biens, c'est afin d'assurer à la femme une protection efficace contre la gestion du mari ; avons-nous ici le même motif d'admettre la rétroactivité? Evidemment non, puisqu'il ne s'agit pas d'intérêts pécuniaires, et que la séparation de corps sera même parfois demandée par le mari.

Admettrons-nous au moins la rétroactivité entre époux ? Non, car nous ne pouvons généraliser la disposition finale de l'art. 1445, et cela pour deux raisons : d'abord parce qu'elle ne s'étendrait pas aux tiers, et ensuite parce que le texte ne parle que du jugement de séparation de biens.

Notre solution est d'ailleurs parfaitement conforme aux principes du droit commun, car les jugements ne rétroagissent que parce qu'ils sont déclaratifs de droits préexistants; mais lorsqu'ils sont attributifs, créateurs de droits nouveaux, la rétroactivité ne peut exister qu'en vertu d'un texte formel; or le législateur n'a pas édicté ce texte, précisément parce qu'aucun intérêt ne le réclamait. La femme peut d'ailleurs, si elle a des motifs, intenter une demande principale et distincte en séparation de biens et mener de front les deux instances ; ses droits seront ainsi complètement sauvegardés puisque les formalités spéciales à la séparation de biens auront été observées.

Le point de départ établi, nous allons déduire les conséquences de la rétroactivité du jugement de séparation et indiquer en quoi consistent les effets de ce jugement. L'art. 1441 déclare la communauté dissoute par la séparation de biens, et nous savons que la femme a trois mois et quarante jours pour faire inventaire et délibérer (1457 et suiv.) sur son acceptation ou sa renonciation ; mais quoique la femme qui obtient la séparation de biens ne doive pas être considérée nécessairement comme renonçante, la présomption de la loi semble bien être ici pour la renonciation, c'est ce qui ressort de l'art. 1463. Dans tout autre cas c'est l'acceptation qui est plutôt présumée (1456) ; la loi a pensé que la communauté serait le plus souvent obérée et mauvaise lorsque la séparation serait prononcée ; cependant nous ne devons pas oublier que la femme n'est pas obligée d'attendre, pour demander et obtenir la séparation de biens, que sa dot soit tout-à-fait compromise et la communauté insolvable.

L'effet de la rétroactivité du jugement est de rendre le mari débiteur, non-seulement du capital de la dot, mais encore des intérêts échus et des fruits perçus depuis la demande ; sans doute les intérêts ne sont pas ici la peine du retard apporté à la libération, car le mari ne pouvait accéder amiablement à la demande, mais puisque la femme a repris la jouissance de ses biens au jour de la demande, il s'en suit que les fruits et intérêts lui appartiennent.

Ecartant dans notre hypothèse l'application de l'art. 1401, N° 1, nous dirons que toutes les successions

7

mobilières échues à la femme depuis l'introduction de la
de la demande appartiennent à la femme.

L'effet rétroactif du jugement de séparation de biens
peut-il être opposé aux tiers ? — Cette question a donné
lieu à plusieurs systèmes ; le premier consiste à soutenir
d'une manière absolue que les effets du jugement de séparation de biens ne peuvent être opposés aux tiers qu'après
l'accomplissement des formalités prescrites pour la publicité du jugement, parce que la publication de la demande
ne suffit pas pour les avertir.

Le second système traite les tiers comme le mari sans
faire aucune distinction ; ceux qui ont contracté avec le
mari, dit-on, sont en faute d'avoir suivi sa foi sans
s'assurer de ses pouvoirs ; cette seconde opinion a été
consacrée par un arrêt de la Cour de Riom du 20 février
1826, dans lequel cette Cour abandonnait le premier
système, qu'elle avait admis le 31 janvier de la même
année. (Dall. 1827 — 2 — 182).

Ces deux opinions sont trop absolues, et la question ne
peut, à notre avis, être résolue par une réponse simple
et uniforme : en effet la raison et l'équité nous comman-
dent de distinguer parmi les actes du mari sur les biens
de la communauté ou de la femme, d'un côté ceux qui
rentrent dans les pouvoirs d'un administrateur ordinaire,
et d'autre part ceux que le mari peut faire , comme chef
de l'association conjugale, en vertu des pouvoirs exorbi-
tants du droit commun qu'il tient de la loi ou de quelque
clause du contrat de mariage.

Les actes qui rentrent dans les pouvoirs d'administration
du mari doivent être validés lorsqu'ils ont été faits avec
des tiers de bonne foi. Il est indispensable, dans l'intérêt
même de la femme, que les biens de la communauté,

de même que les propres, soient administrés pendant
l'instance; or il faut bien que le mari conserve cette
administration, puisque la loi ne la confie pas à la femme.
Toute distinction serait arbitraire et donnerait lieu à de
grandes difficultés; nous ne croyons donc pas devoir
faire une différence entre les actes absolument indispensables, tels que des récoltes à faire, des baux à consentir
ou à renouveler suivant l'usage des lieux, et ceux dont la
nécessité ne serait pas aussi urgente; et la raison qui
nous fait repousser cette distinction, c'est que la loi ne la
fait point. — Il vaut mieux, à notre avis, valider tous
les actes faits par le mari dans la limite de ses pouvoirs,
quand les tiers ont été de bonne foi; si l'acte a été
consenti avant la publication de la demande, il faudra
des preuves formelles et précises pour détruire cette
présomption de bonne foi; mais si les mesures de publicité
concernant la demande ont été prises avant la date de
l'acte qu'il s'agit d'infirmer, le moindre indice pourra
faire tomber la présomption de bonne foi. Les romains
disaient de la possession : *minus est juris quam facti*,
on peut en dire autant de cette rétention de l'administration par le mari; en fait il la conserve, et cela peut
suffire pour protéger les actes qu'il passe.

Nous avons distingué entre les actes d'administration
ordinaire et les droits plus importants qui sont exceptionnellement conférés au mari par les principes qui régissent
la communauté ou par une clause du contrat de mariage;
c'est de ces derniers qu'il s'agit maintenant : les actes
que le mari aurait faits depuis la demande en vertu de
ces droits doivent-ils être maintenus? — Nous ne le
croyons pas, et ici nous appliquons rigoureusement le
principe : *resoluto jure dantis, resolvitur jus accipientis*;

en effet, la femme n'a aucun intérêt à ce que le mari conserve ces pouvoirs inhérents à sa qualité de chef de la communauté; or cette qualité elle-même étant mise en question, les droits qui en découlent doivent subir le même sort et être annulés si le jugement la détruit. Il est évident, par exemple, que le droit de vendre, et même de donner, à titre particulier, les biens de la communauté, dépassent les pouvoirs d'un administrateur ordinaire; or la loi n'atteindrait pas son but si la rétroactivité du jugement n'avait pour effet d'annuler les actes faits en vertu de ces droits.

Quant aux saisies-arrêts faites sur les fruits et intérêts de la dot par des créanciers du mari pour des causes antérieures à la demande en séparation de biens, elles n'ont aucun effet vis-à-vis de la femme lorsqu'elles sont faites après la demande, c'est l'application pure et simple de l'art. 1445.

§ II. — *Dans quelle proportion la femme séparée judiciairement doit-elle contribuer aux dépenses du ménage ?*

Lorsque le contrat de mariage établit la séparation de biens, la femme contribue aux charges du ménage suivant les conventions contenues au contrat: « et s'il n'en existe point à cet égard, dit l'art. 1537, la femme contribue à ces charges jusqu'à concurrence du tiers de ses revenus. » Puisque les époux n'ont pas modifié, dans leur contrat de mariage, cette proportion établie, mais non imposée par la loi, il y a présomption que le mari s'est engagé à supporter le surplus des dépenses, et que son travail ou sa fortune peuvent y suffire. Cette présomption tombe et la femme est obligée de pourvoir à tous les besoins de la famille lorsque le mari ne peut y satisfaire.

En matière de séparation judiciaire, la loi ne pouvait imposer aux époux une contribution invariable, qui le plus souvent n'eût pas été en rapport avec leurs moyens respectifs, aussi l'art. 1448 a-t-il édicté une règle toute différente: « La femme qui a obtenu la séparation de biens doit contribuer, proportionnellement à ses facultés et à celles du mari, tant aux frais du ménage qu'à ceux d'éducation des enfants communs. Elle doit supporter entièrement les frais s'il ne reste rien au mari. » Il sera souvent très-utile que les juges fixent, en connaissance de cause, la part contributive de chaque époux, afin de prévenir les difficultés.

Devons-nous appliquer l'art. 1448 au cas de séparation de corps ? — Oui incontestablement quant aux enfants, l'art. 303 le dit en termes bien formels : « Quelle que soit la personne à laquelle les enfants seront confiés, les père et mère conserveront respectivement le droit de surveiller l'entretien et l'éducation de leurs enfants, et seront tenus d'y contribuer à proportion de leurs facultés. » Cet article fait pour le divorce doit être étendu à la séparation de corps. Mais nous ne croyons pas devoir appliquer la même règle quant aux époux, car s'il est juste, dans la séparation de biens, qu'ils supportent les charges du ménage proportionnellement à leurs revenus, parce qu'ils continuent la vie commune, on ne voit pas pourquoi la même règle serait conservée lorsque cette existence commune est brisée; il est plus équitable alors de faire supporter à chacun ses dépenses personnelles, sans préjudice du droit qu'a l'époux indigent de demander à son conjoint une pension alimentaire. Les termes mêmes de l'art. 1448 se refusent d'ailleurs à l'application qu'on voudrait faire de cet article au cas de séparation de corps, puisqu'ils prévoient uniquement l'hypothèse de la séparation de biens principale : « *La femme qui a obtenu la séparation de biens, etc.* »

Nous pensons que la femme peut retenir sa part contributive et se libérer entre les mains des fournisseurs et des maîtres de pension. — On objecte que le mari ne peut perdre, pour un motif quelconque, la direction des affaires domestiques, ni sa qualité de chef de l'association conjugale, qui est indélébile tant que les liens du mariage ne sont ni rompus, ni relâchés. — Mais outre que les effets du mariage, quant au droit d'administration du mari, ont disparu par l'effet de la séparation, que deviendrait, dans cette doctrine, le but même de la séparation? — Il est clair que ce but est manqué si, comme cela arrivera le plus souvent, le mari dissipe les revenus et laisse la femme dénuée de ressources, sans que celle-ci ait un moyen d'arrêter ses dissipations et de l'empêcher de gaspiller l'argent qu'elle verse entre ses mains. Pourquoi ne pas admettre alors à l'autorité maritale une restriction que l'intérêt de la famille commande, et qui est en harmonie parfaite avec le but de la séparation de biens? Quelle serait d'ailleurs, dans le système opposé la situation de la femme vis-à-vis des créanciers? — Ou bien elle est libérée par le versement qu'elle fait aux mains du mari, et alors les créanciers n'ont aucun recours, si le mari insolvable a dissipé l'argent qui devait servir à les désintéresser; ou bien les créanciers ont un recours contre la femme qui n'aura aucune garantie d'indemnité contre son mari.

§ III. — *Quels sont les pouvoirs de la femme après la séparation de biens.*

C'est l'art. 1449 qui détermine la capacité de la femme séparée de biens : » La femme séparée soit de corps et de biens, dit cet article, soit de biens seulement, en reprend la libre administration. Elle peut disposer de son mobilier et l'aliéner. Elle ne peut aliéner ses immeubles sans le consentement de son mari ou sans être autorisée en justice à son refus. »

Nous touchons ici à l'un des points les plus délicats de la matière, et, pour déterminer plus nettement quels sont les actes que la femme séparée peut faire seule et sans autorisation, quels sont au contraire ceux pour lesquels elle doit obtenir l'autorisation, soit de son mari, soit de justice, nous diviserons ces actes en quatre catégories :

1° Les actes d'administration ;
2° Les actes d'aliénation et d'acquisition ;
3° Les obligations personnelles ;
4° Les procès, les instances judiciaires.

1° *Capacité de la femme séparée quant aux actes d'administration.*

La femme séparée de biens en reprend la libre administration, dit l'art. 1449 ; cela signifie qu'elle a la jouissance de ses biens, comme disent les art. 1536 et 1576, qu'elle peut faire seule et sans autorisation tous les actes réputés de simple administration. Les jeux de bourse ne constituant pas des actes d'administration, mais bien plutôt de désordre et de dissipation, la femme ne peut s'y livrer, et les sommes perdues qu'elle aurait payées sans autorisation du mari seraient sujettes à répétition, car la répétion n'est interdite que pour les paiements volontaires, et le défaut d'autorisation maritale enlève ce caractère aux paiements de pareilles dettes faits par la femme. (D. 63. — l. — 40).

Recevoir des capitaux est un acte d'administration : la femme pourra donc recevoir ses capitaux, et à plus forte raison leurs intérêts. Quant aux immeubles, elle peut les donner à bail en se conformant aux art. 1429 et 1430 ; nous pensons même qu'elle ne serait pas astreinte à cette limite si un bail de plus de 9 ans constituait un acte ordinaire d'administration, eu égard aux usages du pays où sont situés les immeubles ; nous ne trouvons en effet, quant à l'administration de la femme, aucune des limitations apportées à l'adminitration du tuteur et du mari. On nous oppose les art. 1709, 1429, 1430, 595, qui limitent à 9 ans les baux que peut faire un administrateur ; mais ces articles définissent les pouvoirs de ceux qui administrent la fortune d'autrui ; il s'agit d'une question de pouvoirs dans ces dispositions, tandis que nous nous occupons d'une question de capacité chez la femme : l'analogie n'est donc pas exacte ; surtout si l'on songe que la loi a voulu lui donner une libre administration.

Mais le législateur ne s'est pas contenté d'autoriser la femme à faire des actes d'administration ; l'art. 217 dit : « La femme, même non commune ou séparée de biens, ne peut donner, aliéner, hypothéquer, acquérir à titre gratuit ou onéreux, sans le concours du mari dans l'acte ou son consentement par écrit ; » l'art. 1449 apporte une modification : « elle peut, dit-il, disposer de son mobilier et l'aliéner. » Quelle est la raison de ce changement apporté par l'art. 1449 ?—Nous la trouverions facilement s'il ne s'agissait que de la séparation de corps, car la néces-

sité d'une autorisation pour l'aliénation du plus petit
objet mobilier deviendrait une gêne insupportable et
inutile pour la femme qui vit éloignée de son mari. Mais
cette raison ne peut plus nous suffire lorsqu'il s'agit de la
séparation de biens. On peut dire, pour expliquer la disposition de l'art. 1449, que les pouvoirs étendus donnés au
mari sur les biens de la communauté, et par conséquent
sur les meubles de la femme, qui tombent, en principe,
dans la communauté, ne sont accordés par la loi que pour
permettre au mari de subvenir aux besoins du ménage et
d'accroître la fortune de la femme aussi bien que la sienne ;
or une fois le mobilier remis aux mains de la femme par
suite de la séparation, pourquoi ne pas lui donner les
mêmes facilités de faire des actes d'aliénation qui sont
souvent utiles et parfois indispensables. Peut-être aussi le
législateur a-t-il accordé à la femme ce pouvoir d'aliéner
sans autorisation, afin que ce droit de veto destiné à la
protéger ne devint pas aux mains d'un mari dissipateur et
probablement surchargé de dettes une source d'exactions
et de vexations. Quoiqu'il en soit, la femme peut disposer
de son mobilier et l'aliéner, c'est l'art. 1449 qui le dit,
sans exiger aucune condition ; aussi sommes nous porté
à croire que les aliénations mobilières faites par la femme
ne pourraient être annulées sous prétexte qu'elles ne
rentreraient pas dans la classe des actes d'administration.
Nos raisons se trouvent dans la rédaction de l'art. 1449,
et dans le danger qui résulterait pour les tiers et pour la
femme elle-même du système que nous combattons. Que
dit l'art. 1449 ? que la femme reprend la libre administration de ses biens, puis, dans un alinéa différent, qu'elle
peut disposer de son mobilier et l'aliéner. Sans doute c'est
afin de faciliter l'administration de la femme que ce droit

d'aliénation lui est accordé, et cette observation nous autorise à affirmer que l'art 1449 ne lui donne pas le droit de disposer de son mobilier à titre gratuit ; s'il déroge à l'art. 217, il ne déroge pas à l'art. 205. Mais quant aux aliénations à titre onéreux, nous croyons que le second alinéa de l'art. 1449 constitue une seconde règle, conséquence de la première sans doute, mais parfaitement distincte et indépendante ; le texte même de la loi nous l'indique puisqu'il donne à la femme le droit d'aliéner, sans condition. C'est en outre le seul moyen d'accorder à la femme une *libre* administration, car le système opposé nous conduirait à des distinctions dangereuses pour son crédit, comment en effet les tiers pourraient-ils juger si telle aliénation rentre dans les actes d'administration ?

Notre système revient à dire que l'art. 1449 considère l'aliénation directe du mobilier comme rentrant *à priori* dans l'administration ; cette remarque fait comprendre pourquoi nous avons placé cette question dans le paragraphe qui traite de la capacité de la femme relativement aux actes d'administration.

2° *Capacité de la femme quant aux actes d'aliénation et d'acquisition.*

Nous avons admis que la femme peut aliéner son mobilier.

L'art. 1449 établit une règle tout-à-fait contraire quant aux immeubles : la femme ne peut les aliéner qu'avec l'autorisation du mari ou de justice, la loi ne distingue pas entre les immeubles qui étaient propres à la femme et ceux qu'elle a acquis par le partage de la communauté ou depuis la séparation pour toute autre cause.

Il est naturel de placer ici, à propos des actes d'aliénation, l'explication de l'art. 1450.

« La séparation de biens, dit M. Dutruc, donne à la femme le droit de ressaisir une administration devenue périlleuse entre les mains du mari, mais elle ne saurait l'affranchir de l'influence que ce dernier exercera toujours sur ses actions; elle ne peut la soustraire à l'empire de l'attachement, non plus qu'à l'habitude de la déférence et aux défaillances de la faiblesse. Il sera donc facile au mari d'obtenir de sa femme séparée de biens qu'elle vende ses immeubles, et il pourra en toucher le prix, se l'approprier, le dissiper. Un danger aussi grave devait frapper l'attention du législateur, il fallait le prévenir, ou du moins en diminuer autant que possible l'importance. » C'est ce qu'a fait l'art. 1450; le parlement de Paris avait adopté cette manière de voir : lorsqu'il n'avait pas été fait emploi du prix de l'immeuble aliéné par la femme, on présumait que le mari se l'était approprié : « sans cela, dit Pothier, la séparation serait une voie à un mari pour s'approprier tout le bien de sa femme, par l'abus de la puissance qu'il a sur sa femme, pour la porter à vendre ses fonds et à lui en faire passer le prix de la main à la main, sans qu'il en parût rien, etc. » La séparation de biens décharge le mari de la responsabilité d'une administration qui n'est plus entre ses mains, mais la loi fait exception à ce principe : 1° lorsque le mari a participé à la vente de l'immeuble; la loi présume alors qu'il en a touché le prix ; 2° lorsqu'il est prouvé qu'il a reçu le prix ou qu'il en a tiré profit. — La loi le déclare responsable dans les deux cas du défaut d'emploi ou de remploi, mais non pas de l'utilité de cet emploi. A défaut de l'art. 1450, le mari pourrait refuser ostensiblement son autorisation pour faire croire qu'il n'entend point participer à la vente, puis l'autorisation de la justice une fois

accordée, il viendrait concourir au contrat afin de pouvoir
exiger le prix de l'acquéreur; ou bien, plus adroit encore,
il laisserait sa femme passer seule l'acte de vente, et,
par un moyen indirect, il réussirait néanmoins à s'emparer
du prix. La loi ne pouvait abandonner la femme à de
semblables piéges. Bien que la vente ait été faite en
vertu de l'autorisation de la justice, le mari devra
répondre du défaut d'emploi, soit qu'il ait concouru à
l'acte, soit qu'il ait reçu le prix ou l'ait fait tourner à son
profit.

Quant à la question de savoir si notre art. 1450 est
applicable à la séparation de biens contractuelle, nous en
ferons l'objet d'une position. Nous avons maintenant à
étudier la capacité de la femme par rapport aux actes
d'acquisition; nous les diviserons en deux classes, les
acquisitions à titre gratuit et les acquisitions à titre
onéreux. La séparation de biens n'apporte aucun changement à la capacité de la femme relativement aux acquisitions à titre gratuit, qui restent régies par l'art. 934; il
est inutile d'insister sur les motifs de convenance qui ont
dicté cette disposition.

En ce qui concerne les acquisitions à titre onéreux, il
est incontestable que la femme est autorisée à les faire
lorsqu'il s'agit de meubles; la libre administration que lui
donne l'art. 1449 ne se comprendrait pas sans ce droit;
nous pensons même qu'elle peut acquérir des immeubles.

Quelle est la ressource du mari lorsque la femme compromet sa fortune par une administration désastreuse?
Peut-il réclamer l'intervention de la justice? — Il est
évident qu'il ne peut réclamer la rétractation du jugement
de séparation, l'art. 1451 s'y oppose ; cependant comme
il faut sauvegarder les intérêts des époux et des enfants,

nous admettons qu'il peut intervenir, mais seulement lorsque la mauvaise administration de la femme constitue une aliénation véritable.

3° *Capacité de la femme quant aux obligations personnelles.* — La jurisprudence a varié sur la question de savoir dans quelle mesure la femme séparée de biens peut s'obliger. A l'origine, la Cour de cassation avait raisonné ainsi : la femme pouvant aliéner son mobilier doit pouvoir également contracter des dettes exécutoires sur le mobilier. La jurisprudence était donc partie de ce point de vue faux : de droit commun la femme n'a point capacité pour faire des aliénations (art. 217); or nul ne peut faire indirectement ce qu'il lui est défendu de faire directement, donc la femme mariée ne peut contracter des obligations, puisque l'obligation conduit à l'aliénation; mais, ajoutait la jurisprudence, puisque l'art. 1449 la relève de l'incapacité d'aliéner son mobilier, la loi lui a implicitement donné le pouvoir d'engager ce mobilier en contractant. — La Cour de cassation a abandonné ce point de vue inexact qui consiste à considérer l'incapacité de s'obliger chez la femme comme une conséquence de son incapacité d'aliéner. Il est remarquable que l'art. 217, dans la formule de l'incapacité de la femme mariée, ne mentionne pas l'incapacité de s'obliger; mais il résulte des art. 220, 221 et 222 que, dans la pensée de la loi, la femme mariée ne peut s'obliger par contrat. En effet ces trois articles mentionnent des cas dans lesquels la femme pourra s'obliger exceptionnellement, ils établissent donc que l'incapacité de s'obliger est de règle chez la femme, et ils prouvent implicitement l'existence de cette règle sans exprimer qu'elle en une conséquence de l'incapacité d'aliéner.

Etant admis d'une part l'incapacité d'aliéner, d'autre part l'incapacité de s'obliger, parfaitement distincte et indépendante de la première, il ne suffira pas que la première soit enlevée pour que la seconde le soit aussi; or, l'art. 1449 relève bien la femme de l'incapacité d'aliéner, mais sans faire mention du droit de s'obliger : nous pouvons donc affirmer qu'en principe la femme demeure sous l'empire de l'incapacité générale. Mais si la femme séparée ne trouve pas dans sa capacité d'aliéner le mobilier le droit de contracter des obligations, cette faculté est une conséquence nécessaire de son droit d'administration : il est impossible que la loi, en lui permettant d'administrer, lui ait refusé un des moyens les plus essentiels de l'administration, le droit de contracter des engagements. Là est la source, là est aussi la mesure de cette liberté nouvelle que lui confère la séparation de biens. Les obligations contractées par la femme séparée ne serout donc valables qu'autant qu'elles constitueront des actes d'administration.

Nous admettons donc que la femme séparée de biens peut, sans autorisation, contracter des dettes pour les besoins de son administration, et une fois contractées valablement, ces dettes pourront être poursuivies et exécutées valablement sur les immeubles comme sur les meubles; cela nous paraît être une conséquence nécessaire de ce principe que la femme s'oblige valablement pour les besoins de son administration, et nous croyons que l'art. 2092 est ici applicable : « L'idée qu'une personne, incapable d'aliéner certains biens sans l'autorisation ou le consentement d'un tiers, est par cela même incapable de les engager par des obligations valablement contractées sans ce consentement ou cette autorisation, n'est pas

exacte : qui s'oblige oblige le sien. » (Aubry et Rau V —
texte et note 78) — Mais vous arrivez ainsi à la violation
de l'art. 1449, nous dit-on ? — Nous répondons que
donner à un engagement valablement contracté toutes les
conséquences que la loi lui fait produire, ce n'est pas
violer indirectement la loi.

Quand à la transaction, nous croyons qu'elle est
permise à la femme dans les limites mêmes que la loi
détermine. « Pour transiger, il faut être capable de
disposer des objets compris dans la transaction... » La
femme pourra transiger sur son mobilier, puisqu'elle peut
en disposer.

Si nous supposons que la femme a contracté une
obligation qui ne peut être considérée comme un acte
d'administration, les créanciers n'auront d'action ni sur
ses immeubles, l'art. 1449 s'y oppose, ni même sur les
revenus et sur le mobilier.

L'acceptation d'une succession même mobilière ne peut
être considérée comme un acte d'administration, la femme
n'a donc pas capacité pour l'accepter ; mais, la succession
mobilière acceptée, a t'elle le droit de la partager ? —
Si le partage se fait en justice, pas de difficulté puisque
la femme ne peut, sans autorisation, ester en jugement.
Mais que faut-il décider s'il s'agit d'un partage amiable ?
on reconnaît en général que la femme a le droit de procéder
sans autorisation au partage d'une succession purement
mobilière, qui lui est échue, et cela à raison du droit de
disposition dont elle jouit sur ses meubles.

4° *Capacité de la femme quant aux procès et aux instances judiciaires.* — « La femme ne peut ester en
jugement, dit l'article 215, sans l'autorisation de son

mari, quand même elle serait marchande publique, ou non commune ou séparée de biens. » La prohibition est absolue et la loi ne distingue pas ; que la femme soit demanderesse ou défenderesse, qu'il s'agisse d'immeubles ou de meubles, elle doit obtenir l'autorisation de plaider ; si les nécessités de l'administration journalière rendent impraticable l'obtention d'une autorisation, il n'en est pas de même du procès.

Lorsque la femme est demanderesse, le tiers peut exiger, avant de défendre au procès, qu'elle représente l'autorisation maritale, et si elle est défenderesse, le demandeur doit tout d'abord mettre en cause le mari.

Mais d'un autre côté la femme peut, sans l'autorisation de son mari, faire tous les actes et prendre toutes les mesures qui sont nécessaires à la conservation de ses droits, mais il faut que le caractère de ces actes soit conservatoire ; ainsi la femme peut, sans autorisation, requérir les transcriptions prescrites par les art. 171 et 939, et l'inscription de son hypothèque légale, art. 940, 2139 et 2194.

L'art 216 apporte une exception à l'art. 215 : « L'autorisation du mari n'est pas nécessaire lorsque la femme est poursuivie en matière criminelle ou de police. » Cette exception s'applique à toute poursuite devant la justice répressive, qu'il s'agisse d'un crime, d'un délit ou d'une contravention ; mais remarquons bien les termes de la loi : l'autorisation n'est pas nécessaire lorsque la femme est *poursuivie*, d'où nous pouvons conclure qu'elle ne peut se passer d'autorisation quand elle est poursuivante.

On s'est demandé si l'art. 216 est applicable dans tous les cas, non-seulement lorsque la femme est poursuivie par le ministère public, ce qui ne fait pas doute, mais encore lorsqu'elle est attaquée par la partie civile.

Il nous paraît nécessaire, pour résoudre cette question, de faire certaines distinctions : il peut se faire que la partie civile agisse simultanément avec le ministère public (art. 3, inst. crim.), ou seule et directement devant les tribunaux répressifs, aux termes des art. 145 et 182 (inst. crim.); il peut se faire aussi qu'elle agissse devant les tribunaux civils.

Dans ce dernier cas, la femme actionnée par la partie civile se trouve dans l'hypothèse prévue par l'art. 215, puisqu'on intente contre elle une action en dommages-intérêts fondée sur l'art. 1382; elle devra donc se munir de l'autorisation.

Tout le monde admet qu'au contraire aucune autorisation ne lui est nécessaire lorsqu'elle est poursuivie par la partie civile en même temps et devant les mêmes juges que par le ministère public, l'autorisation n'étant pas requise pour défendre à l'action publique, et l'action civile n'étant que l'accessoire de celle-ci, on applique le principe : « *accessorium sequitur sortem rei principalis*.

Mais que décider lorsque la partie civile agit seule et directement devant les tribunaux répressifs ? — C'est ici que les auteurs se divisent, les uns prétendant que l'autorisation est nécessaire par ce que : 1° l'art. 216 étant un texte d'exception doit être interprété rigoureusement et restreint à ses termes ; 2° en fait rien n'empêche la partie civile d'assigner le mari en même temps que la femme ; 3° parce qu'il importe beaucoup au mari de pouvoir transiger avec la partie qui se prétend lésée, et d'éviter ainsi un scandale judiciaire ; les autres soutenant que la femme n'a besoin d'aucune autorisation. Dans cette seconde opinion, qui nous paraît admissible, on invoque les termes de l'art. 216, qui dispense la femme

8

d'autorisation lorsqu'elle est poursuivie en matière criminelle ou de police ; or, dit-on, est-ce qu'il s'agit encore
d'une poursuite en matière criminelle ou de police lorsque
c'est la partie civile qui agit directement devant les
tribunaux répressifs ? — Oui, donc l'art. 216 doit
recevoir son application. Nous pouvons d'ailleurs invoquer les motifs qui ont dicté l'art. 216, disent les partisans de ce système, et les paroles de Portalis sont
parfaitement applicables à notre hypothèse ; « L'autorité
du mari, disparaît devant celle de la loi ; et la nécessité
de la défense naturelle dispense la femme de toute
formalité. »

Il nous reste à résoudre la question de savoir si la
femme peut compromettre sans autorisation. Pour sous-
tenir l'affirmative, on invoque l'art. 1003 du code de
procédure civile ; mais cet argument ne nous paraît pas
décisif, même quant aux compromis que la femme voudrait faire sur son mobilier.

Notre opinion repose sur les deux raisons suivantes :
en premier lieu l'art. 1004 proc. prohibe les compromis
« sur aucune des contestations qui seraient sujettes à
communication au ministère public ; » or les « causes
des femmes non autorisées par leurs maris » sont mises
au nombre de ces contestations par l'art. 83, § 6 du
même code. Ce n'est pas tout, l'art. 215 défend à la
femme d'ester en jugement sans autorisation, à plus forte
raison lui est-il interdit de compromettre, car le compromis est affranchi des formalités tutélaires de l'instance
judiciaire.

Enfin il est des actes dont la loi n'a pas subordonné la
validité à l'obtention de l'autorisation maritale : ainsi la
femme peut, sans autorisation, faire un testament et le

révoquer (art. 205 et 905) ; révoquer une donation entre vifs faite par elle à son mari pendant le mariage (1096) ; reconnaître un enfant naturel qu'elle aurait eu avant son mariage, soit de son mari, soit de tout autre ; exercer la puissance paternelle sur les enfants, légitimes ou naturels, qu'elle aurait eus d'un autre que son mari.

SECTION II. — *Effets de la séparation de biens intervenant dans le régime dotal.*

Nous avons vu que le jugement de séparation, en restituant à la femme l'administration de son patrimoine, ne lui donne pas le droit absolu d'agir selon sa volonté ; restant femme mariée, elle reste incapable, et partant obligée d'obtenir l'autorisation de son mari pour certains actes que la loi considère comme importants. Ses pouvoirs sont encore plus restreints lorsque les époux avaient adopté le régime dotal dans leur contrat de mariage, par la raison que la séparation, nous le verrons bientôt, ne fait pas disparaître le principe de l'inaliénabilité.

Pour connaître les pouvoirs de la femme dotale séparée de biens, il faut se référer aux art. 1443 et suivants, c'est ce qui résulte de l'art. 1563 qui, en reconnaissant à la femme dotale le droit de poursuivre la séparation de biens, nous renvoie à ces dispositions, mais nous ne devons pas oublier que ces articles doivent être combinés avec les règles spéciales du régime dotal; en un mot il est essentiel de ne pas perdre de vue que les biens dotaux conservent leur caractère jusqu'à la dissolution du mariage nonobstant la séparation de biens, et qu'ils restent par conséquent indisponibles. La séparation n'a aucune influence sur les principes qui règlent l'étendue de la dot ;

celle-ci s'augmente, après séparation, de tout ce qui y serait entré si le jugement n'était pas intervenu.

Nous diviserons cette section en deux paragraphes: le premier sera consacré à limiter les pouvoirs de la femme dotale séparée quant aux actes d'administration ; dans le second paragraphe, nous rechercherons l'étendue des pouvoirs de la femme quant aux actes de disposition, tant sur ses biens dotaux que sur les revenus de ces biens.

§ I. *Des pouvoirs de la femme séparée de biens quant à l'administration de son patrimoine dotal.*

La femme dotale qui a obtenu la séparation de biens reprend l'administration de son patrimoine, aux termes de l'art. 1449, dont la règle est générale; mais le caractère de dotalité subsistant après la séparation, l'administration de la femme reste soumise aux principes contenus dans l'art. 1549, qui détermine les pouvoirs du mari administrateur des biens dotaux.

La femme remplace donc le mari dans l'administration, et dès lors nous pouvons dire en modifiant notre texte : la femme seule a l'administration des biens dotaux après la séparation de biens, elle a seule le droit d'en poursuivre les débiteurs et détenteurs, d'en percevoir les fruits et les intérêts, et de recevoir le remboursement des capitaux. Mais il reste bien entendu que ces principes généraux ne sont applicables à la femme qu'autant qu'ils ne sont pas incompatibles avec sa qualité de femme mariée (215-218).

La femme seule a l'administration des biens dotaux après la séparation de biens ; telle est notre première proposition.

Cette règle, observée en droit romain, a été admise par

notre ancien droit et doit l'être encore aujourd'hui. Domat la justifie et la limite en ces termes : « La séparation de biens n'étant accordée à la femme que parce que ses biens étaient en péril et que le mari ne pouvait supporter les charges du mariage, l'engagement du mari de ménager les biens de la femme et d'en porter les charges passe à la femme après séparation ; ainsi elle reprend l'administration de ses biens. » (Lois civiles, l. 1, t. 9, sect. 5, N° 3).

Comme administratrice, la femme a le droit de toucher ses revenus, de donner à bail ses biens dotaux, et de libérer par ses quittances les débiteurs qui paient entre ses mains ; elle peut aussi donner main-levée d'une hypothèque qui servait à garantir une créance désormais éteinte ; mais on a beaucoup discuté la question de savoir si la femme est tenue de faire un placement des sommes qu'elle reçoit, en sorte que le débiteur puisse refuser le paiement jusqu'au jour où on lui justifie de l'emploi. La jurisprudence admet que ces sommes sont tout-à-fait libres entre les mains de la femme qui peut en disposer à son gré ; cependant il est intéressant d'étudier les opinions qui se sont fait jour à ce sujet.

Quant aux revenus des biens dotaux, la question ne peut faire doute, car à ce titre ils doivent être employés à subvenir aux besoins de la famille.

La question ne peut être davantage discutée lorsque le mari lui-même était soumis, par le contrat de mariage, à la condition d'emploi ; la femme ne peut, selon nous, jouir de pouvoirs d'administration plus larges que ceux de son mari, elle devra donc faire emploi des deniers dotaux.

En prescrivant l'emploi, le contrat de mariage a eu en vue la conservation de la dot, et ce but essentiel ne peut être effacé par la séparation de biens ; cette séparation ne doit d'ailleurs aboutir qu'à mettre en des mains plus sûres une administration déjà compromise ; or il est facile d'apercevoir qu'elle le serait encore si la femme n'était pas soumise à la condition d'emploi, car outre que la femme est plus faible et plus inexpérimentée, la garantie hypothécaire qu'elle avait contre son mari n'existe plus, et si elle dissipe la dot, il ne lui reste aucune ressource.

Les partisans du système opposé prétendent que la femme ne peut être soumise à l'emploi, parce que cette obligation imposée au mari n'était qu'une garantie stipulée dans l'intérêt de la femme qui ne voulait pas laisser ses capitaux à la merci de son mari ; mais aujourd'hui, dit-on, après la séparation de biens, la femme n'a pas besoin de garantie contre elle-même. — A cette objection il suffit de répondre que les garanties stipulées dans le contrat de mariage sont destinées à protéger non-seulement la femme, mais toute la famille qui est aussi intéressée à la conservation de la dot.

Si l'on se trouve dans un des cas prévus par les articles 1558 et 1559, la femme qui recevra l'excédant du prix sera aussi tenue d'en faire emploi ; ici encore il ne peut y avoir divergence d'opinions.

La question se présente, et elle a été discutée dans les termes suivants : c'est un débiteur qui veut se libérer envers la femme séparée de biens d'une dette dont le montant forme un capital dotal ; ou bien c'est le mari qui restitue à la femme sa dot constituée en argent.

On se demande si ces débiteurs sont libérés par le simple paiement, ou si au contraire, ils doivent s'assurer, sous leur responsabilité, qu'il est fait emploi des deniers qu'ils remboursent. Si la loi leur impose cette obligation, ils ont par cela même le droit de refuser le paiement jusqu'à ce que l'emploi ait été effectué. — Nous avons, mentionné que les décisions uniformes de la jurisprudence semblent devoir mettre un terme à cette controverse, mais comme ces décisions sont contraires à la solution admise dans l'ancien droit, il est indispensable de rappeler les principes posés par nos anciens auteurs.

La jurisprudence des parlements du midi était unanime pour obliger la femme séparée de biens à faire emploi de ses deniers dotaux ou à fournir une caution qui garantît contre la mauvaise administration de la femme, le débiteur qui s'était libéré. Dans le ressort du parlement de Bordeaux, la capacité de la femme était très-restreinte, par suite de la grande protection qui lui était accordée. Aussi lisons-nous dans les auteurs « que la séparation de biens ne donne pas à la femme la faculté d'aliéner ses biens dotaux pendant la vie de son mari; si elle veut les exiger, il faudra qu'elle en fasse emploi en fonds ou qu'elle donne caution. Si la dot consiste en bien fonds, elle pourra la demander, parce que le bien est un corps solide qui ne peut disparaître comme le numéraire » (Salviat. — voy *dot.*)

Même jurisprudence dans le parlement d'Aix : Julien dit en effet « que les deniers doivent être placés pour sûreté de la dot. Par l'arrêt général du parlement d'Aix, du 30 octobre 1614, il fut fait défense à tous juges de permettre à la femme de se faire colloquer sur les meubles du mari, sinon au défaut d'immeubles, et auquel cas ils doivent ordonner lesdits meubles être vendus au public inquant, et le prix en provenant être mis entre les mains de marchands solvables pour le tenir à honnête gain au profit de la femme et pour l'assurance de la dot d'icelle, sans pouvoir le fonds être expédié à la femme durant la vie du mari » (Julien, statuts de Provence, T. 2, p. 570).

Même règle encore dans le parlement de Grenoble : l'adjudicataire des biens du mari ne peut en donner le prix à la femme en remboursement de sa dot ; il doit le remettre aux mains d'un marchand solvable qui en servira les intérêts à la femme (Chorier sur Guy-Pape, sect. 2, N° 6, p. 218).

Enfin le parlement de Toulouse semble bien avoir adopté le même principe, c'est ce qui résulte de ce passage de Catelan : « C'est suivre parfaitement l'esprit de la loi que de placer la dot en mains sûres, afin que la femme en prenne le revenu et l'emploie à l'entretiennement du ménage : cette précaution pourvoit à la défense d'aliéner la dot et à la conservation de tous les droits que la loi a voulu laisser en entier. »

Il ne faudrait pas croire que le mari fut soumis de plein droit à l'emploi des deniers dotaux ; il fallait, pour l'y obliger, une clause expresse insérée au contrat de mariage. — Il importait de faire ressortir cette jurisprudence des parlements du midi pour arriver à en établir bien nettement le point de départ : ce principe, qui a une importance capitale sous le régime dotal, c'est l'inaliénabilité de la dot immobilière ou mobilière.

La question posée plus haut peut donc se ramener à celle-ci : le code a-t-il adopté le système de l'ancien droit? et en conséquence la femme ne peut-elle recevoir les sommes dotales qu'à la condition d'en faire emploi? — Pour soutenir l'affirmative on invoque la loi romaine qui défendait à la femme de disposer de sa dot et lui en joignait d'en consacrer les revenus aux besoins de la famille « *ita tamen ut eadem mulier*, etc. » (l. 29, C.

L. 5, tit. 12), et la jurisprudence des parlements du midi que nous avons rapportée.

Il est vrai, dit-on, que le code civil n'impose pas cette obligation à la femme en termes formels, mais elle découle de l'esprit de conservation qui a dicté les textes relatifs au régime dotal. On rappelle aussi le motif qui, dans l'ancien droit, avait fait soumettre la femme à l'emploi : on ne lui permettait pas « de percevoir le capital en argent comptant parce qu'elle aurait pu le dissiper » (Salviat). On ajoute que la loi a pu laisser au mari la responsabilité du placement des sommes dotales, parce que la femme a contre lui la garantie de son action en restitution et de son hypothèque légale, tandis que ces sûretés n'existant plus lorsque la femme séparée reçoit ses capitaux, il est naturel de supposer que la loi a voulu les remplacer par l'emploi, autrement la dot en argent serait exposée à être perdue sans aucun recours possible. On argumente aussi du but de la séparation qui est un remède destiné par la loi à conserver le patrimoine de la femme ; or, si la femme séparée pouvait disposer à son gré de ses capitaux dotaux, la séparation lui serait non-seulement inutile, mais dangereuse, puisqu'elle pourrait méconnaître le régime sous lequel elle est mariée et dissiper sa dot. On dit enfin qu'en permettant à la femme de répéter sa dot sans lui en imposer l'emploi, les partisans du système opposé méconnaissent l'intention du père de famille qui avait pris toutes les précautions possibles contre la mauvaise gestion de son gendre, mais qui ne pouvait convenablement réglementer dans le contrat de mariage, le cas où sa fille reprendrait l'administration de sa fortune.

La Cour de cassation n'a pas admis cette doctrine, et il est aujourd'hui de jurisprudence constante « que la femme a la disposition et l'administration de sa dot, après séparation de biens, sans autres entraves que celles apportées par les dispositions de son contrat de mariage. » Les partisans de ce système font d'abord remarquer que la femme reprend l'administration enlevée au mari, qui n'était soumis à aucune condition en recevant les sommes dotales (1549)'; au contraire l'art. 1550 le soustrait à l'obligation de fournir caution, ce qui rend l'art. 1240 applicable sans restriction à celui qui se libère entre les mains du mari ; or le jugement de séparation de biens met la femme au lieu et place du mari, et l'art. 1449, qui lui restitue l'administration de sa dot, lui donne droit de gérer librement. Si nous observons maintenant que l'immeuble acquis des deniers dotaux n'est pas dotal à moins que la condition d'emploi n'ait été stipulée par le contrat de mariage, il nous sera facile de comprendre que l'emploi auquel on assujettirait la femme serait illusoire dans notre hypothèse, puisqu'elle pourrait toujours disposer de l'immeuble ainsi acquis. — Enfin soumettre la femme à fournir caution, ce serait en quelque sorte lui refuser le droit de recevoir sa dot mobilière, car elle rencontrerait bien difficilement une personne assez dévouée pour assumer la responsabilité de cette dot. Cette opinion nous paraît être la meilleure, et nous l'admettons sans distinguer, comme l'ont proposé certains arrêts, suivant que la femme poursuit la restitution de sa dot contre un tiers ou contre son mari ; il est même plus urgent, dans ce dernier cas, de lui faire recouvrer ses capitaux sans condition, parce que le mari pourrait, sous prétexte d'exiger une garantie, différer la liquidation et continuer à dissiper la dot. (Grenoble, 29 mars 1828).

En résumé, nous croyons que la femme séparée de biens peut recevoir les capitaux de sa dot mobilière sans être obligée de faire emploi ou de fournir caution ; cette condition n'est pas imposée par la loi, et s'il est fâcheux que l'administration de la femme offre moins de garanties que celle du mari, ce résultat regrettable de la séparation pouvait être prévu dans le contrat de mariage ; mais le droit commun ne soumettant les débiteurs de la dot à aucune responsabilité ; il n'est pas permis de suppléer après coup à l'insuffisance de la loi et des conventions matrimoniales.

Entre ces deux systèmes radicalement opposés que nous venons de développer, se place une doctrine qui laisse au juge le soin de rechercher « s'il ne ressort pas de la pensée qui a présidé au contrat de mariage que cette dot mobilière n'avait été confiée au mari par les constituants qu'à cause de la sécurité que leur offrait sa fortune immobilière présente ou future. » (S. 67, 2, 43). — En pareil cas les juges pourraient soumettre la femme à l'emploi ; ils auraient même le pouvoir de déterminer la nature de cet emploi. Ce système intermédiaire a été rejeté par la Cour de cassation : « La femme séparée de biens reprend la libre administration de ses biens dotaux confiés jusqu'alors au mari. Au rang des actes d'administration l'article 1549 place la faculté de recevoir les capitaux de la dot sans aucune restriction : le contrat de mariage pourrait seul y attacher les conditions d'emploi, de bail de caution ou autres. La femme étant substituée par la séparation au mari pour l'administration de la dot, reprend nécessairement cette administration aux mêmes conditions et il ne peut appartenir aux tribunaux de lui imposer, pour la réception de ses deniers dotaux, des conditions que la loi ou le contrat n'ont pas mises à cette réception. » (S. 68 — 1. 452).

Par l'effet de la séparation de biens l'exercice des

actions pétitoires, qui appartenait au mari, passe à la femme; mais il faut qu'elle se fasse autoriser, aux termes des art. 215 et 218, lorsqu'elle veut ester en justice.

Etant établi que la femme peut disposer de ses capitaux dotaux, elle en fera le placement à son gré, soit sur l'Etat, soit sur les particuliers, et cela sans autorisation, puisque c'est un acte d'administration; mais nous ne pensons pas qu'il lui soit permis d'aliéner ses capitaux par une constitution en rente viagère; cette opinion nous paraît incontestable, du moins si l'on admet l'inaliénabilité de la dot mobilière. La femme irait ouvertement contre l'esprit de conservation du régime dotal, puisque, à la mort du crédit rentier, la dot se trouverait aliénée pour le montant de la somme constituée.

Nous avons admis que, sous le régime de communauté, la femme séparée a le droit de procéder au partage d'une succession mobilière qui lui est échue; l'autorisation, avons-nous dit, ne lui est nécessaire que pour le partage des successions immobilières ou mixtes. Sous le régime dotal il n'y a aucune distinction à faire, et l'action en partage ne nous paraît, en aucun cas, faire partie des actes d'administration permis à la femme, puisqu'elle ne peut pas plus disposer de ses meubles que de ses immeubles dotaux.

Le droit d'administration comprenant nécessairement celui de contracter des obligations dans la limite de ce droit, il s'en suit que la femme dotale séparée va se trouver obligée valablement : nous avons à rechercher dans quelle mesure les obligations ainsi contractées seront exécutoires sur ses biens. Pour résoudre cette question il importe de ne pas perdre de vue la distinction que fait la la loi par rapport aux biens de la femme dotale ; elle les divise en biens dotaux et en biens paraphernaux;

relativement aux premiers, nous réservons l'étude de la question pour la seconde partie de cette section ; pour le moment nous ne nous occupons que du droit des créanciers (envers lesquels la femme s'est obligée pour son administration), de faire exécuter leurs créances sur ses paraphernaux. On va voir que cette question est déjà résolue ; on se rappelle en effet que nous avons discuté le point de savoir si l'art. 2092 est applicable sans restriction à la femme qui s'est obligée par un acte d'administration. Les partisans de la négative prétendent que la défense faite à la femme d'aliéner ses immeubles sans autorisation est absolue, et qu'il n'y a pas lieu de distinguer entre l'aliénation directe et l'aliénation indirecte. Nous avons adopté l'affirmative, et pour appuyer les arguments présentés sur cette controverse, nous pouvons ajouter avec M. Demolombe : « Qui veut la fin veut les moyens ; la loi qui accorde à la femme séparée la libre administration de ses biens n'a pas dû la lui rendre impossible. Or, d'une part il en serait ainsi très-souvent si la femme ne pouvait pas contracter des obligations personnelles, dans cette limite et pour cette cause, et, d'autre part, elle ne pourrait pas vraiment contracter des obligations personnelles si ces obligations n'étaient pas aussi valables et aussi légitimes que toutes les autres obligations : donc il résulte de la première partie de l'art. 1449 et de l'art. 2092 que l'obligation contractée en pareil cas est exécutoire sur les immeubles de la femme. »

Quant à l'obligation qui incombe à la femme séparée de subvenir aux dépenses du ménage, nous avons admis qu'à la différence de la séparation contractuelle, la séparation de biens judiciaire donne à la femme le droit de payer directement jusqu'à concurrence de sa part contributive les fournisseurs du ménage et les maîtres de pension.

Nous avons ainsi déterminé les droits de la femme dotale séparée au point de vue de l'administration de ses biens ; il nous reste à rechercher quels sont ses droits relativement aux actes de disposition.

§ II. *Etendue des pouvoirs de la femme dotale séparée quant aux actes de disposition.*

Dans ce second paragraphe nous étudierons successivement :
1° La capacité de la femme quant aux meubles dotaux ;
2° Sa capacité quant aux immeubles dotaux ;
3° Son droit de disposition sur les fruits et revenus de la dot, et, comme conséquence, le droit des créanciers, soit antérieurs, soit postérieurs à la séparation, sur ces fruits.

1° *Capacité de la femme quant aux meubles dotaux.*— Cette première partie doit elle-même être subdivisée en deux autres : nous nous occuperons d'abord de l'inaliénabilité des meubles dotaux après séparation , et en second lieu des conséquences qui résultent des actes de disposition de la femme sur ses meubles dotaux.

A. — *De l'inaliénabilité des meubles dotaux après séparation.* — Trois systèmes ont été présentés sur le caractère de la dotalité des meubles avant la séparation, le premier admettant l'inaliénabilité absolue de ces biens, le second prétendant au contraire qu'ils sont aliénables sans restriction. La jurisprudence a consacré une opinion intermédiaire qui donne au mari le droit de disposer des meubles dotaux, même de ceux dont il n'est pas propriétaire ; nous savons d'ailleurs que la restitution de la dot est garantie par l'hypothèque légale de la femme : c'est dans l'impossibilité pour celle-ci de compromettre son droit à la restitution par une renonciation ou une subrogation à son hypothèque, ou par tout autre moyen, que la jurisprudence fait consister la dotalité des meubles. Sans nous arrêter à développer les raisons qui militent en faveur des deux premiers systèmes, nous allons reproduire les arguments que la jurisprudence invoque à l'appui de sa doctrine, à laquelle nous nous rallions : « Attendu qu'aux termes de l'art. 1549 du code civil, le mari a l'administration des biens dotaux et le droit de recevoir le remboursement des capitaux, par conséquent celui de disposer desdits capitaux, lorsqu'aucune condition d'emploi n'a été stipulée, attendu que si, d'après les dispositions du code civil sur le régime dotal, la dot mobilière est inaliénable comme la dot immobilière, il s'ensuit seulement que la femme. même autorisée par son mari, ne peut aliéner directement ni indirectement les droits qui lui sont assurés par la loi pour la conservation de sa dot ; que ces droits, quant à la dot mobilière, lorsque le mari a usé de la faculté d'en disposer, consistent dans un recours contre le mari, recours garanti par l'hypothèque légale, et auquel la femme, pendant le mariage, ne peut renoncer ; que cette créance dotale contre le mari ne peut être aliénée ni par la femme, ni par le mari, ni par tous les deux conjointement ; mais que le mari qui reçoit le remboursement d'un capital constitué en dot, qui en fait un emploi plus ou moins utile pour lui et pour sa femme, qui fait cession à un tiers d'une créance dotale, ne fait qu'user du droit de libre disposition qui lui appartient à cet égard, puisque la propriété de la femme est convertie par la loi en une créance contre le mari, lequel est personnel-

lement et hypothécairement obligé à la restitution après
la séparation de biens ou la dissolution du mariage. »

Il est facile d'apercevoir que ce système a sur les deux
autres un avantage ; en permettant au mari de disposer
des meubles dotaux ; il évite l'immobilisation des capitaux
et rend l'administration plus facile que ne le ferait le
système de l'inaliénabilité absolue ; en ménageant le
recours et l'hypothèque de la femme, même malgré elle,
il est en harmonie avec l'esprit du régime dotal et lui
conserve son caractère de protection.

Mais il est incontestable que les deux premiers
systèmes facilitent singulièrement la détermination des
pouvoirs de la femme après la séparation de biens ; dans
le premier système en effet, l'inaliénabilité subsiste après
la séparation ; dans le second, la femme peut disposer des
meubles dotaux ; les pouvoirs de la femme sont donc les
mêmes que ceux du mari ; tandis que l'application du
système de la jurisprudence soulève une difficulté
nouvelle. La jurisprudence n'accorde pas à la femme
séparée les droits qu'avait son mari sur les meubles
dotaux ; cette différence se justifie par la disparition de la
responsabilité du mari ; sans cette responsabilité le droit
de disposition serait pour la femme un danger incompatible avec la protection qu'elle a cherchée dans le
régime dotal. La doctrine de la jurisprudence peut donc
se résumer ainsi : après la séparation de biens, la dot mobilière est inaliénable comme la dot immobilière ; cependant l'incapacité de la femme doit disparaître dans les cas
où la dot est mise en péril : elle peut alors disposer de
ses meubles dotaux moyennant l'autorisation de la
justice. — On objecte l'art. 1449, al. 2, et souvent pour
répondre à cet argument on dit que l'art. 1449 est inap-

plicable au régime dotal. Des auteurs prétendent qu'il est impossible d'invoquer cette raison à l'appui de notre doctrine, en présence de l'art, 1563 qui renvoie aux art. 1443 et suiv. Il faut répondre que si la dot mobilière est inaliénable, malgré l'art. 1449, c'est que cette disposition ne statue que sur une question de capacité personnelle, et laisse subsister l'indisponibilité réelle qui repose sur l'inaliénabilité de la dot mobilière. « Sous le régime dotal, disent MM. Aubry et Rau, le mari dispose en maître de la dot mobilière, sous sa responsabilité personnelle et hypothécaire, tandis que la femme qui, par l'effet de la séparation de biens, prend l'administration de ses biens dotaux, se trouve soumise, même pour sa dot mobilière, à la règle de l'inaliénabilité, et il s'agit bien moins ici d'une question de capacité personnelle à résoudre d'après la disposition de l'article 1449, que d'une question d'indisponibilité réelle. »

Nous devons maintenant déterminer la portée exacte de la règle que nous venons de poser; nous admettons une exception dans le cas où l'inaliénabilité absolue entraînerait la perte de la dot, parce qu'alors notre règle aurait pour résultat, non la conservation, mais la perte de la dot, ce qui est tout-à-fait contraire au régime dotal. Cependant cette exception a elle-même besoin d'un tempérament, et la femme ne peut apprécier seule l'opportunité d'un acte de disposition, elle devra se faire habiliter par justice.

Les conséquences du principe d'inaliénabilité que nous avons admis relativement à la dot mobilière s'étendent à tous les actes qui pourraient arriver à amoindrir la dot, par exemple à la transaction et au compromis; mais nous croyons que l'exception admise est ici applicable, et que

9

la femme pourrait se faire habiliter à transiger et à compromettre dans les cas d'absolue nécessité.

B. *Conséquences des actes de disposition de la femme sur ses meubles dotaux.*—Si la femme a vendu des valeurs mobilières qui la constituaient créanciere de sociétés commerciales, industrielles ou financières, il faut alors faire une distinction suivant qu'il s'agit de titres au porteur ou de titres nominatifs; dans le premier cas, l'art. 2279 empêche tout recours contre l'acheteur, car les titres au porteur sont assimilés aux meubles corporels ; dans la seconde hypothèse au contraire, le recours est possible et d'ailleurs très-rationnel, car en faisant opérer le transfert à son profit, le cessionnaire a du s'informer de la capacité de son cédant Il est bien entendu qu'en faisant annuler l'aliénation, la femme devra restituer au tiers acquéreur tout ce dont elle s'est enrichie.

Nous trouvons ici le principe d'une différence à faire ressortir entre la capacité de la femme séparée suivant que le contrat de mariage établissait la communauté ou le régime dotal. La femme commune séparée pourra, en vertu de son droit de disposition sur les meubles, convertir ses titres nominatifs en valeurs au porteur, tandis que la femme dotale ne le pourrait pas, car il y aurait là un moyen détourné d'arriver à l'aliénation.

S'agit-il de créances ordinaires, la femme ne peut les céder, ni à titre onéreux, ni à titre gratuit, et le débiteur cédé qui s'acquitterait entre les mains du cessionnaire s'exposerait à payer une seconde fois, après l'annulation de la cession.

2° *Capacité de la femme quant aux immeubles dotaux.* — Pour exposer plus clairement cette seconde partie, nous la diviserons comme il suit : en premier lieu **nous** étudierons l'inaliénabilité des immeubles dotaux et l'action en nullité qui en résulte, puis nous nous occuperons de l'imprescriptibilité après séparation.

De l'inaliénabilité des immeubles dotaux et de l'action en nullité. — Nos anciens auteurs disaient « Séparation ne baille point à la femme la permission de vendre ni d'engager. » C'est ce qui doit être admis aujourd'hui encore, particulièrement en ce qui concerne les immeubles dotaux, qui restent inaliénables entre les mains de la femme comme ils l'étaient aux mains du mari. — On a soutenu l'opinion contraire en invoquant les raisons suivantes : 1º La dot, dit l'art. 1540, est le bien que la femme apporte au mari pour supporter les charges du mariage, or après la séparation de biens, la dot, retournant du mari à la femme, ne répond plus à la définition de l'art. 1540, et ne peut plus avoir par conséquent le caractère dotal ; la dotalité disparaissant, l'inaliénabilité doit aussi disparaître ; — 2º L'art. 1563, qui donne à la femme dont la dot est mise en péril le droit de demander la séparation de biens, renvoie aux art. 1443 et suivants ; ce renvoi doit comprendre l'art. 1449 dont l'alinéa 3 permet à la femme de vendre ses immeubles avec l'autorisation de son mari ou de justice, sans distinguer si la séparation de biens a été obtenue par une femme mariée sous le régime dotal ou sous tout autre régime; or, nous ne devons pas établir une distinction que la loi n'a pas faite ; — 3º On ajoute enfin que l'art. 1561 déclare les immeubles dotaux prescriptibles après la séparation de biens, or l'imprescriptibilité étant une conséquence de l'inaliénabilité, il est naturel de conclure de cette disposi-

tion de l'art. 1561 que l'inaliénabilité disparaît aussi :
alienare videtur qui patitur usucapi.

Les conséquences de ce système sont en contradiction
directe avec l'intention des époux qui ont adopté le
régime dotal et avec l'esprit de la loi, car c'est au
moment où le mari a été implicitement reconnu prodigue
ou mauvais administrateur, c'est lorsqu'il est ruiné, ou
du moins très-près de sa ruine, c'est-à-dire au moment
où il importe de conserver à la famille cet immeuble dotal
qui est sa dernière ressource, c'est à cette époque qu'on
le déclare aliénable. Peut-être est-ce le seul bien qui reste
pour subvenir aux besoins du ménage, et dans ces
circonstances, il est incontestable que les garanties du
régime dotal sont plus que jamais nécessaires. D'un autre
côté, l'influence du mari est à craindre puisqu'il est ruiné,
et qu'il ne peut plus compter que sur l'immeuble dotal,
soit pour rétablir sa fortune en se livrant à la spéculation,
soit pour continuer ses dépenses en forçant la femme à
aliéner, et c'est à cette époque qu'on veut enlever à la
femme la protection de la dotalité. Un pareil résultat ne
se concevrait guère, et nous sommes convaincu que
l'immeuble dotal reste inaliénable après la séparation de
biens, à moins qu'on ne se trouve dans un des cas prévus
par les art. 1555 à 1559. — 1° La tradition historique
est en ce sens, car notre ancienne jurisprudence, appli-
quant la loi 29, C. *De jure dotium*, maintenait l'inaliénabilité de la dot qui avait été restituée à la femme à cause
de la déconfiture du mari. — 2° Nous pouvons également
invoquer les principes qui régissent la matière : il
est acquis en droit que la dot conserve son caractère
jusqu'à la dissolution du mariage, même après la séparation de biens, ce qui est d'ailleurs très-raisonnable, car

la femme étant moins apte aux affaires, a un plus grand besoin de protection, c'est pourquoi l'art. 1561 déclare l'immeuble dotal prescriptible sans faire disparaître l'inaliénabilité. Nous ne pensons pas qu'on puisse conclure de la prescriptibilité à l'aliénabilité, car il y a loin de l'une à l'autre : la prescription de l'immeuble dotal par un tiers ne peut être d'aucune utilité pour le mari, de sorte qu'il ne la favorisera pas ; la femme est d'ailleurs maîtresse de l'interrompre, tandis que si l'art. 1561 avait déclaré l'immeuble dotal aliénable, le mari n'eût pas manqué d'exercer toute son influence pour amener la femme à faire une aliénation dont il se serait approprié le prix pour le dissiper ; 3° quel est en définitive le droit commun ? C'est l'inaliénabilité et l'imprescriptibilité (1554 et 1561) ; or, l'art. 1561, alinéa 2, n'apportant d'exception, en cas de séparation de biens, qu'à l'imprescriptibilité, l'inaliénabilité doit subsister ; 4° et quant au renvoi de l'art. 1563, comment veut-on en tirer une preuve contre nous, puisqu'il vise spécialement les formalités à observer pour obtenir la séparation de biens, c'est ce qui ressort de ces expressions : « La femme peut poursuivre. » L'art. 1449 n'est pas plus probant et n'étend pas, à notre avis, la capacité de la femme dotale, car il est tout-à-fait restrictif : « La femme ne peut... » Nous maintenons donc que l'immeuble dotal reste inaliénable après la séparation de biens, quoiqu'il soit devenu prescriptible.

A côté du principe de l'inaliénabilité de l'immeuble dotal, la loi établit, dans l'art. 1560 la sanction de ce principe : c'est l'action en nullité qui peut être exercée soit par la femme ou par ses héritiers après la dissolution, soit par le mari au cours du mariage, soit enfin par la femme après la séparation de biens. Lorsque le mari a aliéné l'immeuble dotal, la femme séparée a donc l'action en nullité, mais nous savons que l'art. 2121 lui accorde une hypothèque légale sur les biens de son mari ; étant donné d'une part son action en nullité, d'autre part son hypothèque légale, c'est une question controversée de savoir si elle peut, au lieu d'exercer son action révocatoire, invoquer son hypothèque et requérir collocation à l'ordre ouvert sur les biens de son mari.

Des auteurs lui refusent ce droit : l'immeuble dotal, disent-ils, ne peut être aliéné ni par l'un ni par l'autre des époux, ni par les deux conjointement, aux termes de l'art. 1544 ; si cette disposition a été violée par le mari, l'art. 1560 accorde une action en nullité, et nous ne voyons nulle part que la femme ait en même temps une action hypothécaire. L'objection tirée des art. 2121, 2135 et 2195, qui mentionnent l'hypothèque légale appartenant à la femme sur les biens de son mari, n'embarrasse pas ces auteurs : selon eux cette hypothèque n'a pour objet que la conservation spéciale de la dot mobilière, le recouvrement des sommes dotales ; quant aux immeubles dotaux, la femme ne peut être dessaisie du droit de propriété dont elle jouit sur ces biens, et aucun texte ne lui permet de choisir entre l'action révocatoire de l'art. 1560 et une action hypothécaire.

Notre opinion, ajoute-t-on, est en parfaite harmonie avec l'esprit du régime dotal et les exigences de la pratique, car elle conserve les immeubles de la femme au lieu de les convertir en argent, et empêche par conséquent de dissiper aussi facilement la dot. Dans la doctrine opposée au contraire on arrive à transformer les immeubles en une dot mobilière, ce qui rend la dissipation possible, et, ce qui est plus grave, on expose la femme à des fraudes très-dangereuses; on conçoit en effet que le mari pourrait vendre les immeubles dotaux pour un prix assez minime en apparence, mais en réalité pour leur valeur réelle; la femme recourant ensuite contre lui par l'action hypothécaire pour le montant du prix simulé permettrait ainsi à son époux de s'enrichir à ses dépens, tandis que par l'action révocatoire elle éviterait cette fraude en reprenant son immeuble.

Cette argumentation ne nous a pas convaincu, et nous croyons que la femme séparée de biens peut réclamer, en vertu de son hypothèque légale, le prix de ses immeubles dotaux illégalement aliénés, au lieu d'exercer l'action révocatoire que lui accorde l'art. 1560. En conséquence nous pensons qu'elle est fondée à réclamer une collocation à l'ordre ouvert sur les biens de son mari, en donnant caution pour la restitution des sommes qu'elle aura reçues, si plus tard elle se décide à intenter l'action révocatoire.

En droit romain, la femme dont le mari avait aliéné les immeubles dotaux pouvait. à son gré, exercer son action hypothécaire, ou faire révoquer l'aliénation de ses immeubles.

La même doctrine était appliquée dans notre ancienne jurisprudence : la femme pouvait obtenir une collocation provisoire sur le prix des immeubles saisis contre son mari, pourvu que la restitution du capital reçu fut assurée par un placement sûr. Le Code civil ayant consacré l'inaliénabilité du fonds dotal et l'hypothèque légale de la femme, doit avoir admis les principes de l'ancien droit sur la question dont nous nous occupons ; il n'a pas de disposition expresse consacrant cette théorie, mais la généralité des termes des art. 2121, 2135 et 2195 suffit pour nous la faire admettre, car ces articles donnent hypothèque à la femme pour sa dot et pour tous ses droits, or, cela comprend les immeubles comme les meubles, d'où nous déduisons que la femme a hypothèque pour le prix de ses immeubles dotaux aliénés par le mari. — Et si l'on admet avec nous qu'elle a une hypothèque, ce serait manquer de logique et vouloir la fin sans les moyens, que de lui refuser une collocation. Les termes des articles 2121, 2135 et 2195 sont trop généraux pour qu'on les applique seulement au cas où la femme veut faire valoir son hypothèque à raison de sa dot mobilière, le seul mot *dot* ne comprend-il pas aussi bien les immeubles que les meubles ? — Notre système produit ce fâcheux effet qu'il empêche les tiers de contracter avec le mari, dans la crainte que celui-ci ne donne plus tard naissance à l'hypothèque légale en aliénant les immeubles dotaux, mais l'intérêt de la dot ne doit-il pas être considéré avant tont ? — La femme, dit-on, a l'action en nullité et la revendication; mais il est facile de prévoir le cas où cette ressource sera insuffisante, c'est lorsque ses immeubles aliénés auront diminué de valeur. Cette situation désa-vantageuse des tiers, que nous venons de signaler, n'est pas si anormale d'ailleurs, car ils peuvent également craindre l'hypothèque légale lorsque la femme apporte en dot des meubles dont la valeur est égale ou supérieure à celle des immeubles de son mari. Le principe absolu de l'immutabilité des conventions matrimoniales empêche les époux de donner le caractère dotal aux immeubles acquis par eux au cours du mariage, lorsque la dotalité de ces biens ne découle pas du contrat de mariage lui-même : c'est par application de ce principe que l'article 1553 décide « que l'immeuble acquis des deniers dotaux n'est pas dotal, si la condition de l'emploi n'a été stipulée par le contrat de mariage. Il en est de même, ajoute cet article, de l'immeuble donné en paiement de la dot constituée en argent. » D'après ce texte l'immeuble donné par le mari à sa femme, après séparation de biens, en paiement de sa dot constituée en argent, n'est pas dotal ; cependant il a été jugé plusieurs fois que cet article, inapplicable à l'hypothèse qui nous occupe, ne visait que le cas où un étranger débiteur de la dot se libérerait en donnant un immeuble. Mais la jurisprudence et la doctrine repoussent aujourd'hui cette opinion et se prononcent contre la dotalité de l'immeuble livré par le mari à sa femme séparée en paiement de sa dot mobilière.

L'inaliénabilité des biens dotaux n'étant pas de l'essence du régime dotal, les articles 1555 à 1559 déterminent les cas dans lesquels il y est dérogé soit en vertu des clauses du contrat de mariage, soit par la loi elle-même. Les règles de ces articles s'appliquent à la femme séparée, et les articles 1558 et 1559 la soumettent à l'emploi des sommes qui proviennent de l'aliénation ; de même le contrat de mariage, en permettant l'aliénation de l'immeuble dotal, peut aussi soumettre les époux à l'emploi des deniers provenant de la vente ; la femme séparée qui aura usé du droit que lui laisse son contrat de mariage ou qui se sera trouvée dans un des cas où la loi lui permet d'aliéner l'immeuble dotal, sera tenue à l'emploi ; mais l'art. 1450 est-il applicable sous le régime dotal ? et le mari est-il garant du défaut d'emploi ou de remploi du prix de l'immeuble aliéné par la femme séparée : 1° s'il est prouvé, lorsqu'il n'a pas autorisé sa femme, que les deniers ont été reçus par lui ou ont tourné à son profit; 2° quand la vente a été faite en sa présence et de son consentement. — La disposition de l'article 1450 peut paraître inutile sous le régime dotal : en effet l'obligation qui pèse sur le mari dans le cas où c'est lui qui autorise sa femme, pèse aussi sur les acheteurs de biens dotaux ; la clause d'emploi s'interprète en ce sens que les tiers acquéreurs ou débiteurs ne sont libérés que lorsque la somme dotale ou le prix de l'immeuble a été employé pour la femme, et que le placement en a été fait. La femme séparée serait donc doublement garantie du défaut d'emploi, par le mari d'abord et par les tiers ensuite. Nous croyons qu'il faut maintenir sous le régime dotal la disposition de l'article 1450 ; et d'abord certains auteurs prétendent que dans les cas prévus par les art. 1558 et 1559, le tiers acquéreur n'a pas à exiger le remploi, et qu'il peut se libérer sans s'inquiéter de ce que deviendra le prix ; il est évident que dans cette doctrine l'art. 1450 est très-utile ; mais il le serait encore alors même que le tiers acquéreur serait forcé de surveiller l'emploi, car il peut être très-utile à la femme d'avoir une double garantie dans le cas où l'un des garants se trouve insolvable. Quel est d'ailleurs le fondement de la responsabilité du mari? C'est la présomption que, par un abus de l'influence qu'il exerce sur sa femme, il s'est approprié le prix de la vente des immeubles de celle-ci. Or, que les époux soient mariés sous le régime de la communauté ou sous le régime dotal, l'ascendant du mari sur sa femme n'est-il pas le même? et dès lors la nécessité de le rendre garant du défaut d'emploi n'est-elle pas aussi impérieuse? Il est vrai que l'art. 1450 se trouve au chapitre de la communauté, mais l'art. 1563 renvoie à ce chapitre pour ce qui concerne la séparation de biens.

L'art. 1557 autorise l'aliénation de l'immeuble dotal, lorsque cette aliénation a été permise par le contrat de mariage. Il peut se faire que le contrat de mariage n'impose pas la condition de remploi; l'acquéreur ne peut alors refuser le paiement sous prétexte que le remploi n'est pas effectué, ni exiger caution pour la sûreté de ce remploi.

Mais il arrive le plus souvent que la réserve de la faculté d'aliéner n'a été faite dans le contrat de mariage que sous condition de remploi; la validité de la vente est alors subordonnée à l'accomplissement de cette condition par le mari, et le tiers acquéreur reste exposé à l'action révocatoire de l'art. 1560 aussi longtemps que le remploi n'est pas effectué; bien plus : « le mari qui n'a point exécuté la clause de remploi, est tenu non-seulement à la restitution du prix de vente des immeubles qu'il a aliénés, mais en outre au paiement d'une indemnité représentative de la plus-value que le bénéfice du temps aurait procurée aux immeubles acquis, si le remploi eût été effectué (1142-1149-1435.) » — Cette plus-value doit être appréciée au moment de la dissolution du mariage, et non à une époque postérieure. Pour établir cette dernière proposition, MM. Demolombe et Carel ont apporté les raisons suivantes : 1° En stipulant, dans son contrat de mariage, les clauses qu'elle a crues nécessaires à la conservation et à l'augmentation de sa dot, c'est la dissolution du mariage que la femme a eue en vue, pour la fixation du montant de cette dot et la détermination de ses droits, et, de même que c'est au jour de l'ouverture d'une succession qu'il faut se placer pour fixer le chiffre du rapport d'un immeuble vendu, de même c'est au jour de la dissolution du mariage qu'il faut se reporter pour fixer le montant du rapport qui doit être fait, par le mari, des immeubles de sa femme ; 2° La femme, ayant recouvré ses droits, à la dissolution du mariage, est devenue responsable du retard qu'elle met à intenter son action ; jusqu'à cette époque, l'état de dépendance dans lequel elle se trouve vis-à-vis de son mari, explique très-bien le privilége qui lui est concédé, mais lorsque l'incapacité a disparu, il est juste que le privilége disparaisse aussi, et que ses droits soient fixés dès l'instant où elle a pu les revendiquer.

Quant à l'époque du remploi, on s'accorde généralement aujourd'hui sur ce point : la jurisprudence et la doctrine admettent qu'il n'est pas indispensable de l'effectuer au moment de l'aliénation, ce qui est très-rationnel, car il. est souvent bien difficile de trouver, au jour de la vente, un immeuble qui présente les conditions voulues pour être substitué à l'ancien ; d'ailleurs aux termes de l'article 1171, s'il n'y a point de temps fixé, la condition peut toujours être accomplie ; or, celui qui accepte, dans un contrat de mariage, une clause de remploi, ne s'engage point par cela même à remplir cette clause immédiatement après la vente de l'immeuble soumis au remploi.

Mais les auteurs se divisent sur le point de savoir si le remploi peut encore être effectué après la dissolution du mariage ; sans nous arrêter à l'étude des deux opinions qui se sont formées sur cette question, et dont les développements sortiraient du cadre de ce travail, disons simplement que nous admettons avec MM. Aubry et Rau, t. V, § 537. texte et note 86, que le remploi ne peut plus être utilement effectué après la dissolution du mariage. — Les opinions sont aussi partagées sur une question qui touche à la précédente, et que nous devons étudier : il s'agit de savoir si le remploi du prix d'un immeuble dotal aliéné avant la séparation de biens, peut être utilement effectué, soit par la femme, soit par les soins du tiers acquéreur, *postérieurement* à la séparation de biens obtenue en justice par la femme dotale, conformément à l'art. 1563.

Un premier système déclare nul le remploi effectué après la séparation de biens, et autorise la femme à repousser l'offre qui lui serait faite alors par le tiers acquéreur d'opérer le remploi ou de payer une seconde fois son prix d'acquisition. Le mandat du mari a pris fin, dit-on ; sans doute il était chargé, pendant la durée de ce mandat, de faire le remploi du prix des immeubles dotaux, mais dès qu'il a perdu son droit d'administration, la femme reprend l'exercice de ses droits (1449), en même temps qu'elle peut exiger la restitution immédiate de sa dot immobilière, aux termes de l'art. 1564, et comme le mari ne peut lui restituer tout de suite ni l'immeuble dotal aliéné, ni un autre immeuble acquis en remploi, elle se trouve investie de l'action révocatoire qui lui est accordée par l'art. 1560.

M. Dalloz, au N° 226 de son code annoté (sur l'art. 1553), rapporte un second système : les partisans de cette opinion admettent la validité du remploi effectué après la séparation de biens, lorsque le mari ayant accordé un délai pour le paiement du prix de l'immeuble vendu, ce délai n'expire qu'après la séparation de biens.

Nous n'admettons ni l'un ni l'autre de ces systèmes, mais avant d'exposer celui qui nous paraît le meilleur, il est bon de constater que les auteurs s'accordent (même ceux qui refusent au mari le droit d'opérer le remploi après la séparation), pour reconnaître à la femme la faculté d'accepter et de ratifier le remploi ainsi fait, si elle ne préfère demander la révocation des aliénations.

Nous croyons, avec MM. Aubry et Rau, que le remploi peut être fait valablement pendant toute la durée du mariage, même après la séparation de biens. On objecte que la femme, en reprenant l'administration de ses biens, se trouve investie de l'action en révocation ; mais c'est précisément la question, il s'agit de savoir si cette condition d'emploi, dont l'accomplissement n'est subordonné à aucun délai, est nécessairement défaillie parce qu'elle n'a pas été remplie avant la séparation de biens, et si l'art. 1560 est ici applicable ; or, pour le prétendre, on ne peut produire aucun texte de loi. L'administration des biens dotaux, quoiqu'elle ait été transportée du mari à la femme, n'a pas changé de caractère, et la dotalité de ces biens subsiste toujours. Puisque les partisans du système opposé admettent que la femme peut valablement effectuer le remploi malgré la séparation de biens, et par conséquent forcer le tiers acquéreur à payer le prix entre ses mains, nous ne voyons pas en vertu de quelle prohibition ce dernier ne pourrait la forcer, de son côté, à valider l'aliénation, en recevant le prix qu'il n'aurait pas encore soldé ou qu'il paierait une seconde fois.

La Cour de cassation a eu à se prononcer sur l'espèce suivante, qui a trait à l'inaliénabilité de l'immeuble dotal : en se mariant sous le régime dotal, une femme s'est constitué tous ses biens présents et à venir, et le mari n'a pas reçu pouvoir d'aliéner. Intervient la séparation de biens, puis saisie immobilière sur les biens du mari ; une partie de ces biens est indivise entre le mari et la femme, et les tiers s'en rendent adjudicataires sans que la femme

ait opposé, pour sa part indivise, le bénéfice de la dotalité.
La femme se présente à l'ordre ouvert sur le prix d'adjudication, obtient d'être colloquée au premier rang sur la
portion afférente à ses biens dotaux, et, en vertu de cette
collocation, exerce des poursuites contre les adjudicataires ; mais ceux-ci repoussent sa prétention en alléguant
qu'elle doit, en vertu de la dotalité stipulée au contrat de
mariage, faire emploi ou fournir caution pour recevoir le
prix de ses immeubles dotaux indûment aliénés.

Cette opinion a été admise par la Cour de cassation
qui a distingué cette espèce de celle où la femme préten-
drait recevoir le prix d'une aliénation permise ; dans
l'hypothèse actuelle, l'aliénation, probibée par le contrat
de mariage, pouvait être empêchée par la femme, qui eût
dû opposer, avant l'adjudication, la nullité résultant de
la dotalité de ses immeubles. Comme elle n'a pas usé de
ce droit, elle n'a plus qu'une ressource : obtenir la valeur
de son immeuble ; or l'art. 1558 *in fine* nous paraît
applicable à cette valeur, et, de même qu'il doit être fait
emploi, dans une vente autorisée par la justice, de
l'excédant du prix de vente sur les besoins reconnus, de
même la femme, dans notre hypothèse, doit faire emploi
du prix de ses immeubles dotaux, ou donner caution. —
Ce raisonnement, si conforme à l'esprit du régime dotal,
suffirait à nous faire admettre cette doctrine ; mais il y a
plus, et cette opinion paraîtra incontestable, si l'on songe
que les époux pourraient arriver à consommer valablement une aliénation prohibée par le contrat de mariage,
si le silence gardé par la femme jusqu'à l'adjudication
avait pour résultat de lui laisser la libre disposition du
prix de son immeuble dotal. Dans l'espèce on ne peut
nous objecter que le contrat de mariage ne prescrivait pas

l'emploi ; il ne pouvait le prescrire puisqu'il prohibait l'aliénation, et nous ne devons pas admettre que les époux puissent, par faute ou par calcul, laisser consommer une aliénation dont le prix irait aux mains de la femme, sans aucune garantie de conservation.

Doit-on faire exception au principe de l'inaliénabilité de la dot lors qu'il s'agit du paiement des frais de l'instance en séparation ? — Nous le croyons, bien qu'on objecte les termes formels de l'art. 1554 et le principe qu'on ne peut raisonner par analogie lorsqu'il s'agit de créer une exception. Nous répondons que l'art. 1558 nous paraît ici applicable, puisqu'il s'agit de frais faits pour la conservation de la dot ; en effet c'est pour la conserver que la femme a demandé la séparation ; c'est dans l'intérêt de la famille et pour lui assurer la ressource de ses biens dotaux qu'elle a intenté cette action. En maintenant l'inaliénabilité de la dot on exposerait la femme qui n'a pas de biens paraphernaux à ne point trouver d'hommes de lois disposés à agir en son nom parce qu'ils craindraient de n'être pas remboursés de leurs avances ; on forcerait ainsi la femme à l'inaction, et on compromettrait la dot en voulant assurer sa conservation.

APPENDICE. — *De l'imprescriptibilité des immeubles dotaux après la séparation.* — Tandis qu'elle laisse subsister l'inaliénabilité, la séparation de biens efface l'imprescriptibilité des immeubles dotaux, aux termes de l'art. 1561 ; mais les auteurs ne sont pas d'accord sur le point de savoir quelle est l'étendue de la prescriptibilité qui atteint le fonds dotal après la séparation de biens. Il est essentiel, pour développer cette controverse, de distinguer les trois prescriptions qui peuvent en général menacer la femme dotale : 1° Si elle a aliéné un bien paraphernal sans les autorisations requises par l'art. 1576, son action en nullité pourra être prescrite par dix ans, aux termes de l'art. 1304 ; mais cette prescription ne court qu'à dater de la dissolution du mariage, l'art. 1304 est formel, ce n'est donc pas de celle-ci qu'il s'agit.

2° Si l'immeuble dotal est possédé par un tiers qui l'a acquis à *non domino* avec juste titre et bonne foi, ou par un usurpateur de mauvaise foi, la femme peut se voir dépouillée par la prescription de dix ou vingt ans dans le premier cas, et de trente ans dans le second. Il est certain que ces deux prescriptions peuvent s'accomplir après la séparation de biens, on ne peut le contester en présence de l'art. 1561 al. 2.

3° Mais la discussion s'élève lorsque ce sont les époux qui ont indûment aliéné l'immeuble dotal conjointement ou séparément ; la prescription de l'action révocatoire commencera-t-elle à courir du jour de la séparation de biens ou à dater de la dissolution du mariage ?

Disons tout d'abord que le droit romain (1. 30, C. *de jure dotium*), et après lui notre ancienne jurisprudence ont appliqué strictement la maxime. « *contra non valentem agere non currit præscriptio.* » La femme séparée était considérée comme pouvant interrompre la prescription, et, comme telle, soumise à la déchéance qu'elle pouvait éviter.

Les commentateurs du code civil se sont demandé si le législateur de 1804 avait voulu déroger à ce principe de l'ancien droit.

Un premier système répond négativement à cette question, il invoque d'abord la généralité des termes de l'art. 1561, qui ne fait aucune distinction entre la pres-

10

cription libératoire et la prescription acquisitive; il n'y a pas de raison, dit-on, pour que la première soit suspendue, tandis que la seconde continue de courir, et l'art. 2255 confirme cette opinion en renvoyant à l'art. 1561 dans l'hypothèse où le fonds dotal a été induement aliéné : « La prescription. dit l'art. 2255, ne court point pendant le mariage, à l'égard de l'aliénation d'un fonds constitué selon le régime dotal, conformément à l'art. 1561, au titre du contrat de mariage et des droits respectifs des époux » Il se trouve précisément que cet article 1561 parle de prescription s'accomplissant après la séparation de biens. Donc, dit-on, la prescription de dix ans qui éteint l'action en nullité de l'aliénation de l'immeuble dotal, prend son point de départ à compter du jour même de la séparation de biens. Mais on réserve le cas où l'action intentée par la femme pour interrompre la prescription, serait de nature à rejaillir contre le mari (art. 2256). Ainsi, dans le cas où le mari à garanti la vente du fonds dotal, comme partie contractante, la séparation de biens ne peut avoir pour résultat de faire courir la prescription contre la femme.

Le second système, que nous admettons, enseigne que les immeubles dotaux ne deviennent prescriptibles après la séparation de biens qu'à l'égard de la possession des immeubles ou de la nullité d'un titre non émané des époux, c'est-à-dire que la prescription libératoire de l'action en nullité de l'aliénation de l'immeuble dotal ne peut commencer à courir qu'à dater de la dissolution du mariage.

L'art. 1561, § 2, qu'on invoque contre notre opinion, dit que les *immeubles dotaux* sont prescriptibles après la séparation de biens; mais il ne parle pas de la prescription de l'action révocatoire. On objecte que l'art. 2255. s'occupant de la prescription libératoire, renvoie précisément à l'art. 1561; mais il est facile de répondre à cette objection, car elle repose sur une erreur matérielle du législateur. Le Code civil ayant été d'abord divisé en titres formant chacun une loi spéciale qui avait son art. I, le numérotage actuel ne fut adopté que lors de la réunion de ces titres en un seul Code, dont tous les articles se suivent par numéros. L'art. 2255, qui formait un article de la loi sur la prescription, renvoyait à l'art. 174 de la loi sur le contrat de mariage, or ce n'est pas l'art. 1561, mais bien l'art. 1560 qui correspond à cet art. 174, on s'en convaincra facilement en ajoutant le nombre 174 à 1386 qui forme la somme des articles précédant immédiatement le titre du contrat de mariage; 174 plus 1386 font 1560, et non pas 1561. On n'est donc pas en droit de nous opposer les termes de l'art. 1561. — Quant à l'art. 1560, ses expressions *sans qu'on puisse leur opposer aucune prescription pendant sa durée*, nous permettent de l'invoquer en notre faveur. Repousse-t-on, comme le font MM. Aubry et Rau, l'argument tiré des mots *sans qu'on puisse leur opposer aucune prescription pendant sa durée*, nous dirons alors avec ces auteurs « que si l'action en nullité est susceptible de se prescrire après séparation de biens, ce n'est pas à dire pour cela que cette action soit soumise à la prescription exceptionnelle de l'art. 1304. Cette prescription, qui ne repose que sur une confirmation présumée, ne peut en effet commencer à courir qu'après la dissolution du mariage, puisque ce n'est qu'à cette époque que la confirmation devient possible. »

Il nous sera facile maintenant de faire concorder notre

doctrine avec les principes et avec la raison. Le motif de
cette différence entre la prescription acquisitive et la prescription libératoire de l'action en nullité est aisé à concevoir : supposons d'abord qu'il s'agisse d'interrompre la
prescription qui s'accomplit au profit d'un usurpateur ou
d'un tiers qui a acquis avec juste titre, mais *à non domino*,
dans ce cas la femme n'hésitera pas à agir, et le législateur n'a pas à craindre que son mari ne s'y oppose ; mais
si le mari, ou la femme, ou tous les deux conjointement
ont consenti une aliénation, n'est-il pas à redouter que la
femme n'ose ou ne veuille point intenter l'action en nullité
contre l'acheteur de l'immeuble dotal ? Nous savons
d'ailleurs que l'inaliénabilité persiste après la séparation
de biens ; or, en décidant que l'action révocatoire peut se
prescrire pendant le mariage, après la séparation de
biens, on donne à la femme séparée la faculté d'aliéner
indirectement son immeuble dotal en laissant accomplir
cette prescription, ce qui est impossible. En résumé
l'art. 1561 ne s'occupe en aucune manière de la prescription
libératoire, cela résulte clairement des mots de cet article :
« Quelle que soit l'époque à laquelle la prescription a
commencé » ; il est évident que ces expressions sont tout
à fait inapplicables à la prescription de l'action en nullité :
c'est donc l'art. 1560 qui forme la règle, et cet article
fait courir la prescription à partir de la dissolution du
mariage : « Si, hors les cas d'exception qui viennent
d'être expliqués, la femme ou le mari, ou tous les deux
conjointement, aliènent le fonds dotal, la femme ou ses
héritiers pourront faire révoquer l'aliénation après la
dissolution du mariage, sans qu'on puisse leur opposer
aucune exception pendant sa durée ; la femme aura le
même droit après la séparation de biens. » Il n'est pas

interdit à la femme séparée d'intenter l'action en nullité ; mais aussi longtemps que subsiste le mariage, la loi ne donne à son abstention aucune conséquence fâcheuse pour elle, et la prescription ne commence à courir que du jour de la dissolution du mariage.

Nous allons maintenant préciser les conséquences de notre doctrine en faisant une hypothèse : une femme mariée sous le régime dotal a contrevenu aux art. 1554 et 1560 en aliénant un immeuble dotal, soit seule, soit avec le consentement de son mari ; nous savons qu'elle a une action en nullité qui lui permet de revendiquer ensuite l'immeuble dont elle ne pouvait se dépouiller. Intervient la séparation de biens ; l'art. 1561, § 2, nous autorise à dire que la prescription acquisitive commence à cette époque au profit de l'acquéreur ; mais c'est ici qu'apparaît l'intérêt de notre système qui empêche l'abréviation des délais pour la prescription acquisitive ; l'acquéreur ne prescrira que par trente ans alors même qu'il aurait été de bonne foi au moment de l'acquisition, parce que la femme, en exerçant son action en nullité, fera tomber son titre d'acquisition, ce qui le privera d'une des conditions requises pour prescrire par dix ou vingt ans. Il peut même se faire que la femme soit encore en droit d'exercer son action en nullité à une époque où l'acquéreur aura acquis l'immeuble par la prescription trentenaire, c'est ce qui arrive lorsque la dissolution du mariage n'a lieu que trente ans après la séparation de biens ; la prescription acquisitive s'est accomplie au profit de l'acquéreur, et voici que la femme veut intenter son action révocatoire, qui ne peut se prescrire que par dix ans à partir de la dissolution du mariage. Les uns prétendent qu'elle obtiendra la valeur de son immeuble parce que le

principe de l'inaliénabilité de l'immeuble dotal doit prévaloir ; les autres prétendent au contraire que l'acquéreur
est propriétaire sans aucune condition parce que la prescription de trente ans donne une propriété absolue,
même à l'usurpateur.

3° *Droit de disposition sur les fruits des biens dotaux.*
— Nous avons établi que les biens dotaux sont inaliénables
après la séparation de biens, nous devons rechercher
maintenant si l'inaliénabilité frappe aussi les revenus.

La question se pose surtout quant aux revenus à échoir
car, quant aux revenus échus, l'art. 2279 fera le plus
souvent obstacle à l'application du principe d'inaliénabilité ;
l'étude de cette question est d'un grand intérêt pratique,
car la solution qu'on lui donne sert à préciser le droit
qu'ont les créanciers de la femme à se faire payer sur les
revenus de la dot ; la détermination de la mesure dans
laquelle ces revenus sont applicables au paiement et à
l'exécution des obligations de la femme séparée, en dehors
des obligations contractées pour les besoins du ménage,
est la conséquence naturelle du droit de disposition qui
lui appartient.

Un premier système s'appuyant sur l'art. 1449, enseigne
que la femme peut disposer des revenus à échoir, pour
quelque cause que ce soit, parce qu'elle a recouvré par la
séparation l'administration et la jouissance de ses biens.
Cette opinion conduit à dire que les créanciers doivent être
autorisés à saisir chaque année les revenus que la femme
a engagés par avance, résultat évidemment contraire à
l'esprit du régime dotal, car si les revenus sont affectés
par avance à des créances qui n'ont pas été contractées
pour les besoins du ménage, comment pourvoira-t-on aux
frais d'entretien de la famille ?

Un second système, plutôt en harmonie avec les principes fondamentaux du régime dotal, et protégeant mieux les intérêts que ce régime a pour but de sauvegarder, part de ce principe que la dot est destinée à subvenir aux charges du mariage, et décide en conséquence que les revenus à échoir ne sont aliénables que pour la partie qui excède les besoins de la famille ; cet excédant peut être aliéné, sans qu'il y ait à distinguer pour quelle cause. — Ce système présente un inconvénient capital : comment en effet déterminer la quotité des revenus que la femme devra employer aux besoins de la maison avant de pouvoir disposer du reste? L'appréciation que les tribunaux auront à faire amènera des solutions arbitraires.

Dans une troisième opinion, on donne à la question une solution différente, suivant qu'il s'agit des revenus des meubles ou des revenus des immeubles dotaux: « La restriction mise à la disponibilité des revenus, dit-on, n'est qu'une conséquence de l'inaliénabilité; » donc les revenus des immeubles dotaux sont inaliénables ; mais quant aux revenus des valeurs dotales, il est évident que la femme en a la libre disposition, puisqu'elle peut disposer des meubles dotaux. — Cette doctrine paraît être la conséquence naturelle d'une autre, que nous avons repoussée, et qui admet l'aliénabilité des meubles dotaux; cependant étant donné le système admis par l'auteur de cette doctrine, Marcadé, sur la destination des fruits de la dot, il est facile de prouver qu'il est inconséquent : « Les fruits, dit Marcadé, ont pour destination légalement obligée de faire face aux charges du mariage, ce serait méconnaître la pensée fondamentale de la loi que d'admettre la pleine et entière disposition des revenus ; ils ne sont pas rigoureusement inaliénables, puisque leur destination même est d'être aliénés pour les besoins du ménage, mais on ne peut en conclure qu'ils le soient absolument et dans un but quelconque ; la nature des choses commande de dire que ces revenus ne sont disponibles entre les mains du mari que pour les besoins du ménage ou après entière satisfaction de ces besoins.

Nous sommes étonné qu'après avoir affecté les fruits des biens dotaux à l'entretien de la famille, on en arrive à distinguer entre les fruits de la dot mobilière et ceux de la dot immobilière. Il nous est impossible de concevoir que des revenus prennent une destination et un caractère différents suivant qu'ils sont le produit d'une valeur mobilière ou d'un immeuble dotal.

Nous inclinons à croire que les revenus non encore échus des biens dotaux sont inaliénables pour le tout, c'est-à-dire qu'ils ne peuvent être engagés par la femme pour des causes étrangères aux besoins du ménage. La dot étant destinée à faire face aux exigences de la vie, les revenus doivent suivre nécessairement cette destination. On objecte que la femme peut dissiper le revenus lorsqu'elle les a touchés, aussi bien ceux qui sont indispensables à l'entretien de la famille que l'excédant de ces revenus sur les besoins du ménage. Mais cette objection de fait n'empêche pas que notre système soit plus en harmonie avec l'esprit conservateur du régime dotal, et s'il arrive qu'une mesure de précaution ne soit pas, en fait, pleinement efficace, est-ce une raison pour la supprimer si elle est bonne en soi? Nous nions d'ailleurs qu'elle n'ait pas son importance, au moins dans une certaine mesure, car elle a l'avantage d'assurer les fournisseurs de la famille qu'à l'échéance des revenus, ils n'auront pas à craindre le concours d'autres créanciers, et d'empêcher la femme de dissiper les revenus même avant l'échéance et par anticipation, résultat inévitable de la disponibilité absolue. On pourrait ajouter que jusqu'à leur échéance les revenus des biens dotaux font partie de ces mêmes biens ; il n'y a pas encore de revenus, il n'y a que des biens dotaux ; or, nous avons établi que tous les biens dotaux sont inaliénables après la séparation.

A. — *Des obligations contractées par la femme avant la séparation*. — Le résultat du régime dotal est de soustraire les biens constitués en dot à l'exécution des obligations contractées par la femme pendant le mariage, mais ce régime ne restreint pas la capacité de la femme mariée et ne l'empêche pas de contracter des engagements valables moyennant l'accomplissement de certaines conditions. A quelque époque que nous nous placions pendant le mariage, la femme peut s'obliger avec l'autorisation de son mari ou de justice ; mais lorsqu'il s'agit de déterminer dans quelle mesure les créanciers de la femme pourront faire exécuter l'obligation de leur débitrice, et de désigner les biens sur lesquels ils devront se faire payer, nous ne pouvons plus résoudre la question par une simple affirmation, ce point très-important de notre étude se lie intimement à celui que nous venons d'étudier. Ils se complètent l'un par l'autre, car le droit des créanciers de se faire payer sur les biens de la femme est la représentation exacte du pouvoir qu'a la femme de disposer de ses biens.

Si la femme s'est obligée avant la séparation de biens, soit seule, soit conjointement ou solidairement avec son mari, ses créanciers n'auront, pour se faire payer, qu'un gage général sur les biens paraphernaux ; ils n'auront aucune sûreté si la femme s'est constitué tous ses biens présents et à venir, à moins qu'elle ne se soit réservé, par son contrat de mariage, une partie de ses revenus, auquel cas ses créanciers pourront saisir, entre les mains des débiteurs de sommes dotales, les intérêts dus, jusqu'à concurrence de cette portion.

Mais après la séparation, les créanciers de la femme ne peuvent-ils pas poursuivre l'exécution de leurs droits sur les revenus ? Cette question ne peut faire difficulté dans l'opinion que nous avons admise sur le droit de la femme quant aux revenus : il est clair que si nous ne lui reconnaissons pas le droit de les engager après la séparation de biens, nous lui refusons le même droit avant la séparation.

La Cour de cassation a consacré cette doctrine par plusieurs arrêts, dont un des chambres réunies ; voici ses considérants : « Attendu que les revenus dotaux, échus après la séparation de la dame Martel, ne peuvent répondre de l'obligation qu'elle avait contractée envers Laurent, avant la séparation ; qu'il est de principe, en effet, que les fruits et revenus de la dot sont affectés aux charges du mariage ; qu'ils appartiennent au mari tant qu'il conserve l'administration, à la charge par lui de les employer conformément à leur destination légale ; que, sous l'administration du mari, la femme ne peut donc disposer de ces revenus, et que le créancier qui l'a pour obligée ne peut exercer les droits sur les revenus à échoir, soit avant, soit après la séparation : avant la séparation, parce qu'ils sont la propriété exclusive du mari ; après la séparation parce que, sous un régime qui doit la protéger contre des engagements téméraires et imprudents, toute aliénation anticipée de ces revenus lui est interdite ; qu'en

effet il ne saurait lui être permis, lorsqu'elle est encore
sous l'influence du mari, de compromettre les ressources
que la loi réserve à la famille pour le cas où la séparation
devient nécessaire ; que d'ailleurs ces revenus ne peuvent
être engagés à l'avance sans être détournés de leur destination ; qu'autrement les effets de la séparation seraient
illusoires et pourraient même devenir préjudiciables à la
femme, en ouvrant à ses créanciers un droit qu'ils
n'avaient pas auparavant ; d'où il suit que, en autorisant
dans ces circonstances Laurent, comme créancier de la
dame Martel, en vertu d'une obligation contractée par
elle avant séparation, à provoquer le partage des biens
échus à ladite dame et faisant partie de sa dot, pour se
faire payer de sa créance sur une partie des revenus
desdits biens, la Cour impériale de Montpellier a fausse-
ment appliqué les art. 1166, 2092, 1449 et 1138, et
violé l'art. 1554, cass..., etc. (S. 64 — 1 — 201).

A l'appui des arguments invoqués par la Cour de cassation, on apporte de graves considérations : lorsque la
femme contracte, avant la séparation, c'est le mari qui
qui l'y pousse, c'est sous son influence qu'elle agit ; le
plus souvent elle ne s'engage que dans l'intérêt du mari ;
ajoutons que l'objet essentiel du régime dotal est de faire
retrouver à la femme, lors de la séparation de biens, sa
dot franche et libre de tous engagements antérieurs.
Donc par cela seul que les obligations de la femme n'ont
pas pour origine les besoins du ménage, auxquels elle
doit pourvoir après la séparation, l'exécution n'en peut
être poursuivie sur aucune des parties de la dot. Les
tiers envers lesquels elle s'est obligée avant la séparation
ne peuvent se plaindre de ce résultat, car ils ont dû
savoir qu'ils contractaient avec une femme dotale qui

n'avait point qualité pour engager les revenus de sa dot,
à quelque titre que ce fût, pendant l'administration de
son mari.

C'est en vain qu'on nous répond que, dans cette doctrine, une obligation valable ne serait pas susceptible
d'exécution ; il peut arriver qu'une obligation valable en
droit ne puisse en fait être exécutée. Nous n'admettons
pas davantage l'objection tirée de l'art. 2092, car cet
argument constitue une véritable pétition de principe ; en
effet, avant de décider si l'art. 2092 est applicable, il
faut déterminer si les biens qu'on veut frapper du gage
général ne sont pas indisponibles en vertu d'un principe
qui prohibe l'application de cet article.

La cour de cassation ne s'arrête pas là : alors même
que la femme une fois séparée aurait reconnu la validité
de l'engagement antérieur, soit par une reconnaissance
formelle, soit par un commencement d'exécution, elle
décide que le créancier n'en continue pas moins à être
dépourvu de tout moyen de contrainte ; d'après la Cour de
cassation « la simple reconnaissance, après séparation,
de l'obligatiou contractée antérieurement, n'a rien
changé à l'origine, au caractère et aux effets de cette
obligation ; il ne résulte ni de cette reconnaissance, ni
du paiement partiel fait par la femme depuis sa séparation
qu'elle ait appliqué ou entendu engager à l'acquittement
de sa dette les revenus des biens dotaux. »

B. — *Des obligations contractées par la femme après
la séparation.* Les obligations contractées par la femme
dotale après la séparation doivent être divisées en deux
catégories : la première comprend les engagements qui se
rattachent à son obligation de faire face aux charges du

mariage ; la seconde catégorie embrasse toutes les autres
obligations.

*a. — Des obligations contractées pour les besoins du
ménage.* — Pas de difficulté quant à ces engagements,
les créanciers ont le droit de se faire payer sur tous les
revenus de la dot, et nous ne comprenons pas qu'on ait
pu prétendre qu'un créancier pour fournitures ne peut
saisir des fruits dont la perception est postérieure à
sa créance ; en d'autres termes nous pensons que les
obligations alimentaires de la femme sont exécutoires
sur les revenus, sans distinguer entre les revenus perçus
ou non.

*b. — Des obligations contractées par la femme pour
des causes autres que les besoins du ménage.* — Sur ce
point les difficultés sont grandes et la controverse est loin
d'être terminée ; on conçoit facilement le nombre et la
divergence des opinions qui se sont formées sur cette
question en se reportant à l'étude que nous avons faite du
droit de disposition qui appartient à la femme sur les
revenus de ses biens dotaux. Les systèmes qui se pro-
duisent à propos des obligations contractées par la femme
séparée ne sont que le résultat de la discussion déve-
loppée plus haut.

On se rappelle que nous avons admis la doctrine la plus
rigoureuse, et que, partant de ce principe qu'il faut inter-
prêter les règles du régime dotal de manière à protéger
autant que possible les intérêts des familles placées sous
son empire, nous avons établi que la femme ne peut
disposer des fruits à échoir, et qu'elle doit employer les
fruits échus aux besoins de la famille ; puis nous avons

déduit les conséquences de ce principe en décidant que les créanciers, autres que les fournisseurs du ménage, ne peuvent pratiquer des saisies sur une portion quelconque des revenus. C'est la solution que **M.** le premier avocat général de Raynal proposait à la Cour de cassation, lors de l'arrêt de 1864 : « Les fruits et revenus de la dot, disait-il, accessoire et produit de la dot elle-même, sont inaliénables comme elle, ou du moins indisponibles aux mains des époux, si ce n'est pour supporter les charges du mariage auxquelles ils sont consacrés. Une fois la séparation prononcée, la femme reprend la libre jouissance et la libre administration de ses revenus; mais elle ne peut en disposer que dans l'intérêt et dans la mesure de l'administration qui lui est dorénavant confiée. »

Cette doctrine n'a pas été consacrée par la Cour de cassation qui distingue entre la partie des revenus nécessaire et la partie superflue; elle a jugé par arrêt du 29 juillet 1862 « que la femme dotale séparée peut valablement s'engager sur les revenus de sa dot jusqu'à concurrence de ce qui excède les besoins de la famille. » Nous avons repoussé cette manière de voir par la raison qu'il est très-difficile d'apprécier au juste quelle est la portion des revenus qui doit être affectée aux besoins de la famille. « Les tribunaux, dit **M.** de Folleville, vont être appelés à tenir compte des habitudes de vie et de la condition de fortune, de l'état de santé ou de maladie, des exigences de position de chacun des membres dont la famille se compose, c'est là une appréciation fort difficile et fort dangereuse. »

c. — *Cas dans lesquels les biens dotaux de la femme séparée peuvent être saisis pour l'exécution de ses obligations*. — Le caractère de la dotalité des biens est différent suivant que la loi lui donne pour principe l'indisponibilité réelle du patrimoine ou l'incapacité personnelle de la femme dont les biens sont frappés d'inaliénabilité : admet-on que la femme, en se plaçant sous le régime dotal, devient incapable de s'obliger? C'est au moment du contrat qu'il faudra nous reporter pour décider si l'obligation est ou non valable, et en conséquence:

1° Toute obligation contractée par la femme pendant le mariage sur ses biens dotaux est nulle, puisque la loi la déclare incapable ;

2° Avant le mariage la femme, n'étant pas encore réputée incapable, a pu contracter des engagements valables, et qui resteront tels, même après qu'elle se sera soumise au régime dotal ;

3° Toute obligation qui incombe à la femme pendant le mariage, sans sa volonté, est valable, par exemple les obligations qui résultent d'un délit ou d'un quasi-délit.

4° L'incapacité de la femme ne survit pas au mariage, et dès lors elle peut, lorsqu'elle est devenue veuve, ratifier les engagements qu'elle a souscrits pendant le mariage.

Prend-on au contraire pour point de départ l'indisponibilité réelle de la dot, on arrive à des résultats diamétralement opposés :

1° L'obligation contractée par la femme pendant le mariage est parfaitement valable, puisque la loi ne l'a pas frappée d'incapacité; mais l'inaliénabilité des biens dotaux met obstacle à l'exécution aussi longtemps que dure le mariage;

2° Si la femme a souscrit un engagement avant le mariage, le créancier ne peut plus poursuivre l'exécution de son droit dès que sa débitrice, en se mariant, a soumis ses biens à l'indisponibilité. Il ne lui reste que la ressource de l'art. 1167 ;

3° Si l'époque du contrat n'est pas à prendre en considération parce que l'obligation n'est pas susceptible d'exécution pendant le mariage, à quelque moment qu'elle ait été assumée par la femme, on ne considère pas davantage la cause de l'engagement; qu'il résulte d'une convention ou d'un délit, peu importe : l'inaliénabilité de la dot la protège contre toute exécution;

4° Enfin il ne peut être question de ratification, puisque l'obligation est valable.

Après avoir ainsi déterminé les résultats différents auxquels on aboutit suivant que la dotalité des biens constitue une indisponibilité réelle ou résulte d'une incapacité acceptée par la femme qui se soumet au régime dotal, il est facile de préciser le système de la jurisprudence, et de constater qu'elle admet la doctrine de l'incapacité personnelle de la femme : nulle part elle ne proclame formellement ce principe général, mais ses arrêts en font partout l'application. Voici d'ailleurs le résumé de sa doctrine :

1° L'obligation contractée par la femme dotale reste entachée de nullité, même après le mariage (S. 64. — 1. — 201).

2° Lorsque la femme, après avoir contracté une obligation, se marie et se soumet au régime dotal, son engagement reste valable, et son créancier peut poursuivre l'exécution de sa créance sur les biens, malgré leur dotalité (art. 1558, 3° — S. 1830. — 2. — 69).

3° Lorsque la femme se trouve obligée sans sa volonté, par un délit ou un quasi-délit, elle est valablement engagée même sur ses biens dotaux; (S. 64. — 1. — 363; — 65 2. — 240).

4° Enfin la jurisprudence admet que la femme, après la dissolution du mariage, peut ratifier son obligation.

Il était indispensable de bien préciser le caractère donné par la jurisprudence à la dotalité pour déterminer, suivant la généralité des arrêts, les cas dans lesquels les biens dotaux de la femme séparée peuvent être saisis pour l'exécution de ses obligations :

1° Supposons d'abord un engagement souscrit par la femme avant le mariage, et dont la date est certaine avant la célébration ; dans cette hypothèse, si la femme s'est constitué tous ses biens présents et à venir, les créanciers pourront, au cours du mariage, avant ou après la séparation, saisir la pleine propriété des biens dotaux, parce que, en se constituant tous ses biens présents et à venir, la femme apporte son actif et son passif. Si la femme n'a déclaré dotaux que certains biens déterminés, cette constitution laisse intact le droit des créanciers hypothécaires, mais elle porte atteinte, dans une certaine mesure au droit des créanciers chirographaires. Le mariage célébré, ils ne peuvent saisir, avant la séparation de biens, que la nue-propriété des biens dotaux, car la jouissance appartient au mari ; mais on se demande s'ils n'ont pas le droit de saisir la pleine propriété des biens dotaux après la séparation de biens.

Pour soutenir l'affirmative, on fait remarquer que la jouissance du mari a cessé par l'effet de la séparation de biens, et que par conséquent son droit ne fait plus obstacle aux poursuites des créanciers. Du jour de la séparation, le mari, qui était pour les créanciers un tiers dont ils devaient respecter la jouissance, a disparu, et ils se trouvent en présence de leur débitrice qui leur avait consenti, avant le mariage, un engagement valable : on ne peut leur opposer l'inaliénabilité des biens dotaux pas plus que l'affectation spéciale des revenus, ils ont donc le droit de saisir et de faire vendre la pleine propriété.

11

On objecte que si les époux, faisant cesser la séparation de biens, rétablissent l'ancien état de choses, la jouissance du mari se trouvera amoindrie. L'objection est grave, car elle repose sur un principe essentiel qui domine les conventions matrimoniales, le principe de l'immutabilité du contrat de mariage ; cependant nous pensons que les créanciers chirographaires dont le titre a date certaine antérieure au mariage peuvent saisir la pleine propriété des biens dotaux après séparation. Nous pouvons argumenter par analogie de l'art. 1410 2° ; pourquoi le créancier de la femme, dont la dette n'a pas date certaine avant le mariage, ne peut-il poursuivre l'exécution de sa créance que sur la nue-propriété de ses immeubles personnels ? parce que le droit de jouissance de la communauté lui fait obstacle, de sorte que, à la dissolution de la communauté par la séparation, le créancier pourra poursuivre l'exécution de l'engagement de la femme sur la pleine propriété de ses biens, malgré l'art. 1448 qui la soumet à l'obligation de subvenir de ses revenus aux besoins du ménage ; l'éventualité du rétablissement de la communauté ne doit pas porter atteinte à l'exercice des droits acquis aux créanciers de la femme (1451, 3°). Nous croyons pouvoir appliquer ce raisonnement au régime dotal.

2° Le principe d'inaliénabilité souffre exception lorsque la femme a commis un délit ou un quasi-délit, et après la séparation de biens, le droit du mari ne s'opposant plus à la saisie des revenus, la pleine propriété des biens dotaux sera saisissable : on comprend que la loi ait fait prédominer le principe d'ordre public sur le principe d'inaliénabilité.

Cependant nous devons noter l'opinion de M. Teissier

qui prétend « qu'on doit être arrêté par le cercle des exceptions tracées par le Code ; c'était au législateur, dit-il, à agrandir ce cercle pour les crimes, délits et quasi-délits de la femme ; il ne l'a pas fait, donc il ne l'a pas voulu. »

3° « Quelque favorable que soit la conservation de la dot, dit un vieil auteur, on ne doit pas donner à la femme ce privilége de pouvoir faire un mauvais procès. » Aussi permettait-on, dans l'ancien droit, à celui qui avait obtenu une condamnation contre la femme dotale, de faire exécuter la sentence sur les biens dotaux ; cependant l'exécution ne portait que sur la nue propriété lorsque la femme, ne pouvant obtenir l'autorisation de son mari, s'était fait autoriser par justice.

La distinction que fait aujourd'hui la jurisprudence est tout-à-fait différente : elle recherche si la femme a cru de bonne foi être dans son droit en soutenant le procès, ou si son action est assez peu fondée pour être considérée commé un fait délictueux.

Ce point de vue, très-exact si l'on se place après la séparation, ne peut-être accepté lorsqu'on envisage la situation de la femme avant la séparation ; en effet aussi longtemps que le mari est administrateur de la dot, l'exercice des actions dotales lui appartient exclusivement, de sorte que la présence de la femme dans une instance relative aux biens dotaux ne saurait produire aucune conséquence contre sa dot. La distinction proposée par la jurisprudence est très-rationnelle après la séparation, car il est impossible de qualifier de prime abord fait délictueux tout procès dans lequel on succombe.

4° Nous avons déjà signalé la quatrième hypothèse qui permet au créancier de la femme de se faire payer sur les biens dotaux, c'est lorsque la femme a dû contracter un emprunt pour faire les dépenses que nécessite le procès en séparation de biens.

Section III. — *Des effets de la séparation de biens relativement aux gains de survie.*

Art. 1452. « La dissolution de la communauté opérée par le divorce ou par la séparation soit de corps et de biens, soit de biens seulement, ne donne pas ouverture aux droits de survie de la femme; mais celle-ci conserve la faculté de les exercer lors de la mort naturelle ou civile de son mari. »

L'expression même de *gains* ou *droits de survie* dit assez que l'exigibilité en est reportée à la mort de l'un des époux. D'ailleurs ces avantages n'étaient promis à la femme qu'en cas de prédécès du mari; or, toutes les clauses et conditions du contrat de mariage doivent être rigoureusement exécutées, les étendre serait porter atteinte au principe de l'immutabilité du statut matrimonial.

Dans l'ancien droit on ne s'accordait pas sur ce point, la jurisprudence avait longtemps varié sans s'établir d'une manière uniforme. Après avoir accordé son douaire à la femme séparée comme à la femme veuve, le Parlement de Paris la réduisit à un demi-douaire et finit par déclarer dans un arrêt du 11 juillet 1619, que la femme séparée n'était pas recevable à réclamer son douaire. Dans le ressort des autres parlements, le désaccord existait aussi; les coutumes du Nivernais, du Maine et de Normandie accordaient intégralement son douaire à la femme séparée, tout en reportant au décès du mari l'ouverture des autres droits de survie; dans le ressort

du parlement de Grenoble et du Lyonnais, la jurisprudence était différente.

Le code Napoléon a fait disparaître ces dissidences, et
quoique l'article ne parle que des droits de survie de la
femme, les raisons de décider sont les mêmes pour ceux
du mari ; le législateur s'est formellement expliqué quant
aux droits de la femme, parce qu'on aurait pu la croire
fondée à les réclamer provisoirement, sauf restitution,
afin qu'ils ne fussent pas compromis par la mauvaise
administration du mari, dont la séparation a suffisamment
prouvé l'incapacité; c'est ce raisonnement que la loi
condamne dans l'art. 1452, dont nous pouvons tirer un
argument à *fortiori* pour dire que le mari n'est pas fondé
à réclamer ses gains de survie après la séparation de
biens.

La femme pourrait réclamer, pour le montant de ses
droits de survie, une collocation éventuelle dans l'ordre
ouvert contre son mari, et quoique ces gains de survie
ne puissent lui être adjugés actuellement, on lui accorde
ordinairement cette collocation, quitte à en laisser les
intérêts au mari ou à ses créanciers. L'art. 1180 autorise
d'ailleurs la femme à prendre des mesures pour la conservation de ces droits éventuels ; elle peut le faire dès la
séparation de biens, puisque le créancier peut, aux
termes de cet article, avant que la condition soit accomplie, exercer tous les actes conservatoires de son droit.
Mais la femme ne jouirait pas de cette faculté si le gain
de survie lui avait été accordé sous la forme d'une institution contractuelle ; nous savons que le donateur conserve
en pareil cas le droit de disposer à titre onéreux des
biens compris dans la donation. Le grain de survie ne
constituant plus une créance, l'art. 1180 cesse de lui
être applicable.

Lorsqu'il a été stipulé dans le contrat de mariage que le survivant des époux aurait droit à un préciput, l'art. 1518 nous dit que le mari peut, lors de la séparation, conserver provisoirement la chose qui constitue le préciput, à la charge de donner caution; cette disposition est exacte lorsque le préciput a été stipulé au profit de la femme même renonçante, et si la femme renonce effectivement; mais si elle accepte, la communauté doit être partagée comme s'il n'y avait eu aucune stipulation de préciput, autrement la situation de la femme acceptante serait moins favorable précisément à cause de cette stipulation qui devait lui procurer un avantage.

La femme peut, après la séparation de biens, transiger sur son gain de survie et s'en départir, par exemple, moyennant une somme d'argent payée actuellement, puisque cet avantage constitue pour elle une créance et qu'elle a la libre disposition de ses droits mobiliers. Mais il en serait autrement si le gain de survie n'était au fond qu'une institution contractuelle; la convention dont il serait l'objet aurait tout le caractère d'un pacte sur succession future, formellement prohibé par l'art. 791. Cette distinction est consacrée par la jurisprudence et la doctrine.

Nous savons d'ailleurs, et c'est une question aujourd'hui définitivement résolue, que la séparation de corps, contrairement à la séparation de biens, entraîne la perte des gains de survie au préjudice de l'époux contre lequel elle a été prononcée; l'art. 1452 mentionne en effet le divorce comme le cas de séparation de corps et de biens, nous pouvons donc le combiner avec l'art. 299. Cette solution, qui consiste à dire que l'époux contre lequel la séparation de corps a été prononcée, perd ses gains de survie, ne peut être l'objet d'aucune clause contraire dans le contrat de mariage, car cette clause aurait un caractère d'immoralité. Nous regardons également comme illicite la clause par laquelle le mari aurait stipulé certains avantages en cas de séparation de biens; cette convention présenterait un double inconvénient : d'un côté elle deviendrait pour le mari un encouragement à la dissipation ou à la mauvaise gestion, et d'un autre côté elle pourrait être, dans l'esprit de la femme, un obstacle perpétuel à la demande de séparation, devenue pourtant nécessaire dans l'intérêt de la famille.

CHAPITRE IV

Caractère de la séparation de biens ; comment elle peut cesser. Comparaison des différentes séparations de biens entre elles.

« La séparation de biens est une rupture toujours fâcheuse de l'association civile des époux, dit M. Dutruc; elle fait sortir ces derniers de la voie normale où le le mariage les avait placés, et, pour justifier ce grave changement, il ne faut rien moins qu'une nécessité tout-à-fait impérieuse. — Mais si les circonstances qui l'avaient rendu nécessaire viennent à cesser, le retour aux anciens rapports des époux sera-t-il impossible ? Le remède violent qu'il a fallu employer dans un moment de crise, et qui est plus funeste qu'efficace à l'époque où le péril a disparu, ne pourra-t-il plus être repoussé ? Le législateur n'a pas voulu offrir aux époux une sauvegarde qui pourrait devenir un piége. Le rétablissement de l'ancien état de choses, alors que la ruine n'est plus à craindre, mérite trop de faveur pour que la loi ne l'autorise pas. L'administration de la femme emprunte à la faiblesse de celle-ci une hésitation qui exclut souvent la prospérité. Le mari n'a peut-être été que malheureux : revenu à meilleure fortune, qu'il puisse ressaisir d'une main ferme la direction d'une société dont la dissolution est désormais sans cause, l'avantage de la famille en dépend. »

Ces motifs avaient paru suffisants dans l'ancienne jurisprudence pour autoriser les époux à faire cesser la séparation de biens. et l'on répondait à Bourjon et à Denizart, qui admettaient l'opinion contraire dans la crainte que le rétablissement de la communauté ne dissimulât un avantage indirect au profit du mari : « Le rétablissement de la communauté se faisant à l'occasion d'un plus heureux progrès qu'on aperçoit dans les affaires du mari, il ne doit pas passer pour un avantage indirect, c'est un retour au droit commun que le droit a traité favorablement en la loi 19 D. *Solut. matrim.*, et en la loi 3 D. *de divortiis.* »

La coutume d'Orléans était favorable au rétablissement de la communauté.

Il fallait dans tous les cas une adhésion formelle des époux; mais les moyens étaient différents suivant que la séparation de biens était la conséquence de la séparation de corps, ou suivant qu'elle avait été prononcée principalement; au premier cas la réunion publique des époux rétablissait la communauté, au second, il fallait un acte authentique constatant la volonté des conjoints.

L'art. 1451 laisse à la volonté des époux le pouvoir de rétablir la communauté; quant au moyen il ne distingue pas entre la séparation de biens accessoire et la séparation de biens principale; il faut, pour les fait cesser,

un acte passé devant notaire et avec minute, dont une
expédition doit être affichée en la forme prescrite par
l'art. 1445.

Le code Napoléon a abandonné le principe de l'ancien
droit en vertu duquel la séparation de corps ne pouvait
cesser sans que la séparation de biens qui l'avait suivie
cessât également, on appliquait la maxime *cessante causâ
cessat effectus;* Pothier s'exprime très-clairement à ce
sujet : « Tous les effets de la séparation cessent, dit-il,
lorsque la femme séparée d'habitation est volontairement retournée avec son mari ; le mari rentre dans tous
ses droits sur la personne et les biens de la femme ; la
communauté des biens, qui était entre les conjoints,
est rétablie de plein droit ; tout ce qui a été acquis de
part et d'autre pendant que la séparation a duré, y
entre comme si elle n'avait jamais été dissoute, et la
séparation d'habitation, quelque exécution qu'elle ait
eue, et quelque longtemps qu'elle ait duré, est regardée
comme non avenue, sauf que les actes faits par la
femme pendant que la séparation a duré subsistent
lorsque ce sont des actes que la séparation lui donnait
le droit de faire, tels sont les baux de ses biens, etc. »

L'art. 1451 n'admet plus qu'un moyen de rétablir la
communauté, c'est l'acte authentique ; l'effet survivra
donc à la cause, et la séparation de biens continuera
d'exister, nonobstant la réunion des époux, aussi longtemps qu'ils n'auront pas fait constater leur volonté par
acte notarié et avec minute, et fait afficher l'expédition
dans la forme de l'art. 1445. En un mot, il ne suffit plus
que la séparation de corps ait cessé pour que la séparation
de biens cesse aussi. Cette décision est meilleure que celle
de l'ancien droit, car il est toujours désirable de voir

cesser la séparation de corps si préjudiciable aux époux, à la famille, et même à la société, et il ne faut pas qu'un intérêt pécuniaire, une question d'argent empêche la réconciliation, c'est pourquoi la séparation de corps peut aujourd'hui cesser, sans que le rétablissement de la vie commune entraîne nécessairement le rétablissement du régime matrimonial adopté dans le contrat de mariage.

Pour rétablir la communauté, la loi n'exige que le consentement des deux parties parcequ'elle favorise le retour à la loi du mariage; le consentement de la femme mineure, joint à celui de son mari, suffira donc pour faire cesser la séparation, et il n'est aucunement besoin de l'assistance de ses ascendants; il serait étrange d'ailleurs qu'elle eût besoin du consentement de sa famille pour rétablir la situation que le législateur lui avait faite, alors qu'elle a pu, sans autre autorisation que celle du président du tribunal, faire prononcer la séparation de biens qui modifie si profondément la loi du mariage. Mais il faut le consentement des deux époux, et ni l'un ni l'autre ne serait admis à prétendre que la séparation doit prendre fin contre le gré du second conjoint.

La communauté ne peut être rétablie que par un acte passé devant notaire et avec minute : il faut à cette convention la même fixité qu'au contrat de mariage, car il intéresse les tiers au même degré; l'acte authentique prévient d'ailleurs toutes les contestations qui pourraient s'élever sur le caractère des faits constitutifs du rétablissement de la communauté : « La dissolution de la communauté par séparation ayant une cause qui peut cesser, disait le tribun Siméon au Corps législatif, la communauté peut revivre entre les époux rapprochés, pourvu qu'ils en conviennent par un acte qui devra être authentique afin de prévenir les contestations et les fraudes. »

Toutefois, et quoique l'art. 1451 semble exiger la présence de deux notaires, l'acte dont il s'agit n'est pas de ceux pour lesquels l'art. 2 de la loi du 21 Juin 1843 exige, à peine de nullité, la coopération de deux notaires.

Enfin il est nécessaire que l'acte authentique dont il reste minute soit affiché dans la forme prescrite par l'art. 1445. En renvoyant à cet article, notre disposition obligeait les époux à remplir, pour la cessation de la séparation de biens, les mêmes formes de publicité que pour le jugement de séparation ; mais l'art. 872 étant venu modifier l'art. 1445, on s'est demandé s'il modifiait en même temps l'art. 1451, en d'autres termes, est-il conforme à l'esprit de la loi d'exiger une plus grande publicité pour la cessation de la séparation de biens parce que l'art. 872 a augmenté les mesures de publicité du jugement de séparation ? — A cette question nous répondrons affirmativement ; les principes qui régissent la matière nous paraissent assez probants, malgré l'avis opposé de bon nombre d'auteurs, mais les conséquences en sont tempérées par cet autre principe que les nullités sont de droit étroit ; aussi ne pouvons-nous considérer comme nul un acte dressé pour constater la séparation de biens et qui n'aurait reçu de publicité que dans les formes prescrites par l'art. 1445 ; pour nous, l'absence des affiches supplémentaires prescrites par l'art. 872 ne pourrait avoir qu'un résultat, celui de valider des actes faits de bonne foi par des tiers qui ignoraient le changement survenu dans la position des époux.

Il résulte du second alinéa de l'art. 1451 que les acquêts faits par chaque époux et les successions mobilières qui leur sont échues dans l'intervalle du jugement à la cessation de la séparation tombent dans la communauté si elle avait été stipulée par le contrat de mariage. Mais comme il ne serait pas juste que ce rétablissement du régime primitif portât atteinte aux droits légimes des tiers, la loi ajoute : « Sans préjudice néanmoins de l'exécution des actes qui, dans cet intervalle, ont pu être faits en conformité de l'art. 1449. » Sont donc maintenus les actes d'administration, les baux jusqu'à concurrence de neuf années, les aliénations de meubles ; les obligations qu'elle a consenties dans les limites de son droit d'administration tombent à la charge de la communauté.

L'art. 199 de la coutume d'Orléans portait la même disposition dans des termes différents : » Rentreront dans ladite communauté les meubles et acquêts immeubles, même ceux échus et acquis pendant ladite séparation, comme si elle ne fût advenue, demeurant néanmoins bon et valable tout ce qui a été contracté pendant la séparation. »

En supposant que la femme ait été payée de toutes ses reprises après la séparation de biens, si, dans l'intervalle du jugement à la cessation de la séparation, le mari avait aliéné un de ses immeubles, il est clair que ce retour au pacte matrimonial ne pourrait faire revivre l'hypothèque légale de la femme sur cet immeuble.

La fin de l'art. 1451 interdit aux époux de rien changer au régime primitif en le rétablissant. Mais la nullité d'une pareille clause porterait-elle en même temps sur l'acte qui rétablirait la communauté? Lebrun et Pothier avaient résolu cette question: « Lebrun, dit Pothier, décide avec raison que ces conventions portées par l'acte de rétablissement de communauté sont nulles; les séparations n'ont d'effet qu'autant qu'elles durent; elles sont détruites et regardées comme non avenues par le seul fait, lorsque les parties ont remis leurs biens en commun; il ne peut pas y avoir deux communautés entre les conjoints par le mariage, l'une qui ait duré jusqu'à la sentence de séparation, et l'autre qui ait commencé lors du rétablissement; il n'y a entre les conjoints que la seule communauté qui a commencé lors de leur mariage (Pothier, comm. Nº 529). » Malgré l'autorité de Pothier et de Lebrun, nous croyons devoir nous soumettre aux termes formels de la loi, qui annule la convention portant rétablissement de la communauté, et non pas seulement la clause dérogatoire au contrat de mariage. Ne serait-ce pas d'ailleurs faire violence à la volonté des époux que de rétablir les conventions matrimoniales en supprimant les conditions qu'ils avaient mises à ce rétablissement? Ne serait-ce pas leur tendre un piége, et partant les exposer à une déception? Si l'on supprime ces conditions, qui peut-être ont été la cause déterminante du consentement des époux, ne va-t-on pas leur imposer une situation qui ne leur convient nullement? — Le système opposé ne peut offrir une réponse plausible à ces objections, il se trouve donc en désaccord, à notre avis, non seulement avec la lettre, mais aussi avec l'esprit de la loi. — Aussi quelques partisans de cette opinion admettent-ils un tempérament à leur doctrine : la convention, selon eux, doit être annulée tout entière, s'il n'est pas douteux que la clause dérogatoire ait été la cause déterminante de l'acte de rétablissement; sinon l'acte de rétablissement est maintenu. — Pour nous, les expressions de l'art. 1451 sont trop claires et trop formelles pour que nous acceptions un système qui laisse place à l'arbitraire. — L'art. 1451, rédigé d'abord en vue du rétablissement de la communauté nous paraît devoir être placé parmi les textes qui devinrent plus tard applicables, pour identité de motifs, au régime dotal, que les législateurs avaient d'abord eu l'intention d'abandonner complètement et qui fut intercalé dans le Code, après coup, et sans les développements nécessaires.

Il peut arriver que des enfants d'un premier lit, se basant sur l'art. 1527, prétendent faire réduire à une part d'enfant le moins prenant l'avantage que le rétablissement de la communauté aurait procuré à l'autre conjoint sur un conquêt de l'époux remarié. Mais cette prétention ne doit pas être admise puisque la loi veut favoriser le retour des parties au régime qu'elles avaient primitivement embrassé.

Quand les époux ont rempli les conditions que leur impose l'art. 1451 pour rétablir la communauté, ils se trouvent dans la position que leur avait faite le contrat de mariage sans qu'ils puissent y apporter aucune modification par leur consentement mutuel, mais il n'est pas douteux qu'une nouvelle demande en séparation de corps ou de biens soit possible si elle est fondée sur des causes postérieures à la réconciliation ou au rétablissement de la communauté.

Comparaison des différentes séparations de biens entre elles. — Entre la séparation de biens principale et celle qui résulte accessoirement de la séparation de corps, nous trouvons quatre différences :

1° Quant aux causes ; (1443 — 229 à 232 et 311) ;

2° Quant aux personnes qui peuvent intenter l'action :

la femme seule peut demander la séparation de biens principale, et l'instance commencée peut être continuée par ses héritiers; la séparation de biens accessoire peut être la conséquence d'un jugement de séparation de corps obtenu par le mari ou par la femme ;

3° Le délai de quinzaine prescrit par l'art. 1444 n'est pas applicable à la séparation de biens accessoire ;

4° Nous avons admis que le jugement qui prononce la séparation de biens accessoire, n'a point d'effet rétroactif ; l'art. 1445 dit au contraire que le jugement qui prononce la séparation de biens d'une manière directe et principale remonte, quant à ses effets, au jour de la demande.

Entre la séparation de biens contractuelle et la séparation judiciaire nous constaterons deux différences :

1° La première est irrévocable, la seconde peut faire place aux régime primitivement établi par le contrat de mariage ;

2° La femme séparée judiciairement doit contribuer aux frais du ménage et aux dépenses que nécessite l'éducation des enfants communs, proportionnellement à ses ressources et à celles du mari (1448). — Au contraire la femme séparée contractuellement supporte les frais du ménage suivant la proportion convenue au contrat de mariage, et à défaut de stipulation expresse, jusqu'à concurrence du tiers de ses revenus.

POSITIONS

DROIT ROMAIN

I. La fille de famille pubère pouvait s'obliger.

II. Le sénatus-consulte Velléien a été dicté par un double motif : le premier tient à des considérations politiques, et le second à une idée de protection favorable à la femme.

III. Sous la jurisprudence classique, la femme qui fait une intercession ne peut renoncer à se prévaloir du Velléien.

IV. On peut concilier la loi 5 avec la loi 32, § 2, D, *ad. Sc. Velleianum*, en admettant que la femme, dans cette dernière loi, s'est obligée en se soumettant à l'action *ex empto* dans l'intérêt de son mari.

V. La loi 17, § 1, ne contredit pas la règle que la remise de gage ne constitue pas une intercession.

VI. C'est à tort que Justinien considère comme une conséquence de la seule loi Julia la prohibition pour la femme de consentir à l'hypothèque établie sur le fonds dotal. Cette prohibition est surtout une conséquence du Velléien.

VII. L'exception du Sc. Velléien fait disparaître à la fois l'obligation civile et l'obligation naturelle.

VIII. L'obligation de la femme qui invoque avec succès le Sc. Velléien est éteinte *exceptionis ope*.

IX. L'action restitutoire accordée par le préteur au créancier qui a été repoussé en vertu du Sc. Velléien n'est pas une *restitutio in integrum*.

X. La tutelle des femmes n'a pas été établie dans leur intérêt, mais au profit de leurs tuteurs.

XI. La Novelle 134 ch. 8 a modifié en un point la disposition de la Novelle 61 : en vertu de la Novelle 134 le consentement donné par la femme à l'hypothèque du fonds dotal, pour sûreté d'un emprunt contracté par le mari, est absolument nul.

XII. La renonciation que ferait la femme au bénéfice de l'authentique *si qua mulier* ne rendrait pas valable son intercession pour son mari.

DROIT CIVIL.

I. L'interdiction du mari n'est pas une cause de séparation de biens.

II. La séparation de biens qui résulte de la séparation de corps ne remonte pas, quant à ses effets, au jour de la demande.

III. Les obligations de la femme séparée de biens ne sont valables qu'autant qu'elles constituent des actes d'administration.

IV. L'inaliénabilité des immeubles dotaux continue de subsister lorsque la séparation de biens a été obtenue par la femme dotale.

V. La femme dotale séparée n'est soumise à aucune condition d'emploi en dehors des clauses du contrat de mariage.

VI. La dot mobilière est inaliénable en ce sens que la femme, pendant l'administration du mari, ne peut faire aucun acte qui diminue sa dot ou restreigne les suretés données pour sa restitution. Après la séparation, la dot mobilière devient indisponible entre les mains de la femme.

VII. La prescription de l'action en nullité de l'aliénation de l'immeuble dotal ne commence à courir qu'à dater de la dissolution du mariage.

VIII. L'art. 1451 annule non-seulement la clause qui apporterait un changement au régime primitif, mais la convention de rétablissement tout entière.

IX. L'art. 1450 est applicable au régime de séparation de biens contractuelle comme en cas de séparation judiciaire.

DROIT COMMERCIAL.

I. En matière de lettre de change, si la provision consiste en une simple créance du tireur contre le tiré tombé en faillite avant l'échéance, le tireur ne peut opposer la déchéance au porteur négligent.

II. Par l'effet du tirage de la lettre de change, la propriété de la provision qui consiste en une créance, ne passe pas dans le patrimoine du porteur.

DROIT CRIMINEL.

I. Lorsqu'un crime a été commis, le juge, pour l'application de la peine, doit tenir compte d'abord de la récidive, ensuite des circonstances atténuantes.

II. L'aggravation de la peine résultant d'une situation qui est personnelle à l'auteur principal, et qui modifie la criminalité du fait, s'étend au complice.

HISTOIRE DU DROIT.

I. Le livre connu sous le nom d'*Établissements de St-Louis* n'est pas une tentative de codification, mais un simple coutumier d'un jurisconsulte.

II. Notre communauté légale a son origine dans le droit germanique.

DROIT DES GENS.

I. Au point de vue du droit international privé, l'art. 1554 appartient au statut personnel.

II. Une convention de prêt à intérêt, passée en France entre un français et un étranger, dans le pays duquel le taux de l'intérêt est libre, tombe sous le coup de la loi du 3 septembre 1807 ; il importe pen qu'il s'agisse d'une convention passée en vue d'un placement de fonds à effectuer à l'étranger, en vertu de la convention commune des parties.

Vu :

Ce 1er Mars 1877.

Le Doyen, Président de la thèse,

Blondel

Permis d'imprimer :

Ce 1er Mars 1877.

Le Recteur,

Fleury.

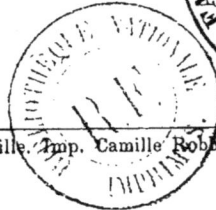

Lille. Imp. Camille Robbe

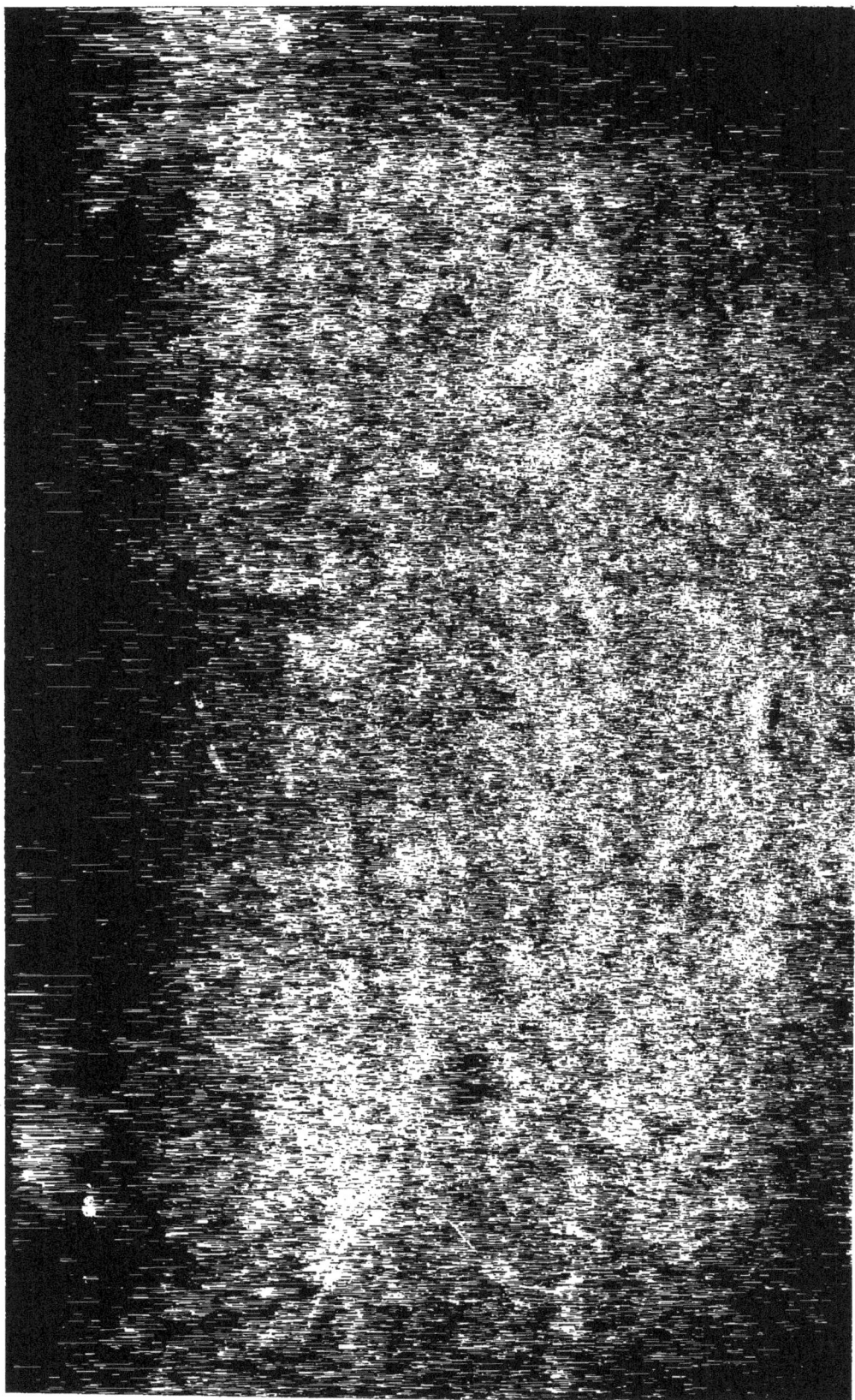

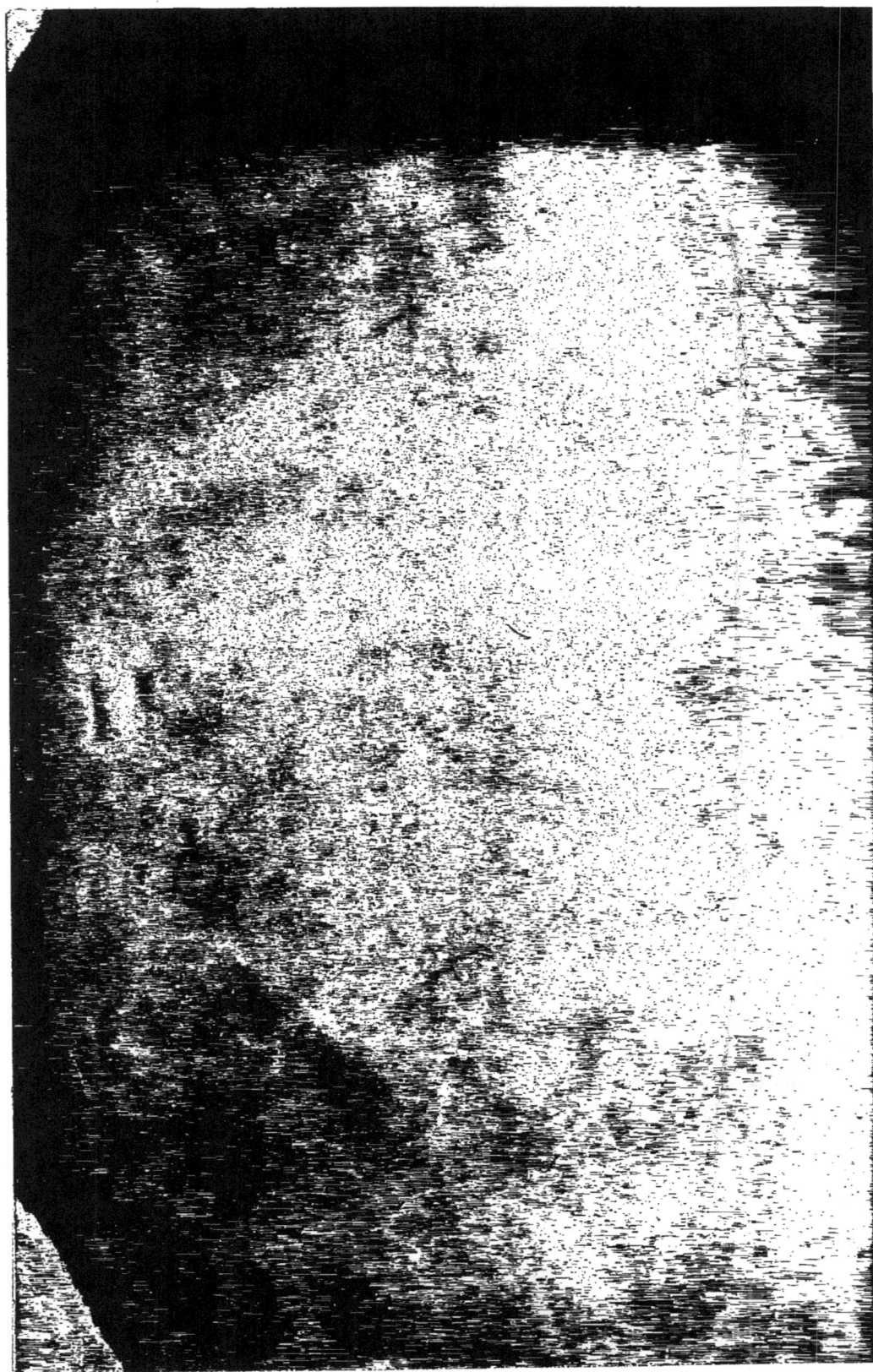

www.ingramcontent.com/pod-product-compliance
Lightning Source LLC
Chambersburg PA
CBHW060536210326

41519CB00014B/3231